JN080281

アビームコンサルティング［編著］

キャッシュレス決済ビジネス

ハンドブック

Handbook for
Cashless Payment
Business

中央経済社

はじめに

　昨今，日本ではさまざまなキャッシュレス決済手段が出現し，店舗における決済でもキャッシュレス決済比率が上昇しています。

　背景には政府によるキャッシュレス推進施策や法改正，テクノロジーの進展，COVID-19の流行など複数の要因が指摘されています。いずれにせよ，キャッシュレス決済による決済額の伸びは当面続くと見込まれており，ビジネスとして，あるいは利用する側としてなど，何らかの形でキャッシュレス決済に関わる人は今後も増えていくことが予見されます。

　本書ではそうした，これから何らかの形でキャッシュレス決済ビジネスに携わることになる人や，現在キャッシュレス決済ビジネスに携わっており，業界全体について幅広く知見を得たいと考えている人を対象の読者と想定して執筆しています。そのため，複雑なキャッシュレス決済を取り巻く状況を俯瞰的に把握できるよう，さまざまなトピックスを幅広く網羅した構成としました。

　第1章ではキャッシュレス決済の歴史と共に，キャッシュレス決済が普及している背景について記載したうえで，キャッシュレス決済の種類やサービス提供事業者についての概観を記載しています。

　第2章では主なキャッシュレス決済手段として，クレジットカード決済，デビットカード決済，電子マネー決済，コード決済，振込・口座振替についてとりあげ，その仕組みと商流，業界動向について取り纏めています。また，各キャッシュレス決済に関連する主な法規制やセキュリティについても言及しています。

　第3章ではビジネスとしてキャッシュレス決済に関わる事業者として，サービス提供事業者，加盟店，決済代行業者のそれぞれの観点で，キャッシュレス決済への関わり方について取り纏めました。

　第4章では今後，キャッシュレス決済に大きな影響を与える可能性がある，

という観点で，キャッシュレス決済に関連する代表的な直近のトピックスを
ピックアップして取り纏めています。

　第2章から第4章までは主に国内のキャッシュレス決済事情について記載し
ていますが，第5章では海外のキャッシュレス決済比率が高い国を中心にピッ
クアップし，各国で普及した背景を探ることで，日本でのさらなる普及へ向け
ての示唆を導出しています。

　最後に第6章はまとめの章として，第1章から第5章までの現状を踏まえ，
キャッシュレス決済の今後の，中長期的展望を記載する構成としています。

　キャッシュレス決済は，クレジットカード決済やコード決済など，個々の決
済手段だけで1冊の書籍が出版されるほど多くの情報がありますが，本書では
各決済手段をできるだけ同じ切り口，同程度の情報量とし，俯瞰的に比較しや
すくなるよう取り纏めています。

　キャッシュレス決済に対する入門書，あるいはクイックに参照できる手引き
として，ビジネスパーソンを中心に，本書が日々のビジネスの一助となれば幸
いです。

　2024年4月

　　　　　　　　　　　　　　　　　　　　　　　　　　　　　筆者一同

目　次

第1章
日本における
キャッシュレス決済の全体像

① キャッシュレス決済の今

（1）決済の潮流

　決済とは，「商品やサービスに対して，お金などの対価を支払うこと」，具体的には「現金のほかにも，クレジットカード，電子マネー，デビットカード，銀行を介した振込などによる決済がある」と定義されています[1]。

　近年，決済の手段において，現金（キャッシュ）を用いずに決済するキャッシュレス決済の金額が世界中で増加しています。国際決済銀行（BIS：Bank for International Settlements）の集計では2012年から2021年までの10年間に，キャッシュレスで行われた個人の決済金額は約3倍に拡大し，CAGR12.8％（Compound Annual Growth Rate：年平均成長率）という伸び率となっています。（**図表1−1**）。

1　経済産業省『キャッシュレス関連用語集』（2019年6月）より
https://www.meti.go.jp/policy/mono_info_service/cashless/image_pdf_movie/cashless_glossary_R1_06.pdf

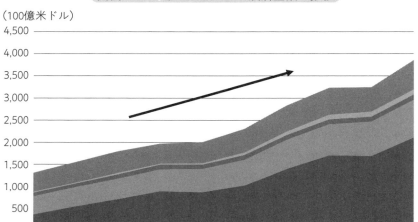

図表1－1 キャッシュレス決済金額の推移

出所：Bank for International Settlements統計データをもとに，アビームコンサルティング
　　　作成

　キャッシュレス決済金額や比率にはさまざまな統計が存在しています。**図表
1－1**におけるBISの集計を含め，近年増加していると言われるキャッシュレ
ス決済の集計対象は，支払い方法が**クレジットカードや電子マネーによる決済**
を意味しています。振込，口座自動振替（以下，「口座振替」という），振替
（同一金融機関内同一名義人口座間の送金），小切手・手形類は含まないことが
一般的ですが，本書では，**クレジットカード決済，デビットカード決済，電子
マネー決済，コード決済**に，振込・口座振替を加えた決済手段を，主なキャッ
シュレス決済手段として扱います。

　各国でキャッシュレス決済金額が増加しているという実態から，世界中で一
様にキャッシュレス化が進んでいるように見えますが，実は主たるキャッシュ
レス決済の手段や，決済全体に占めるキャッシュレス決済の比率は国によって
異なります。

　日本においてもキャッシュレス決済金額の増加という潮流は例外ではなく，昨今さまざまなキャッシュレス決済手段が提供されているものの，諸外国に比べてキャッシュレス決済の比率は低いと言われています。

（2）日本におけるキャッシュレス決済

　日本における決済手段としてのキャッシュレスの歴史は古く，1961年に日本ダイナースクラブや日本クレジットビューロー（現・JCB）がクレジットカードを発行し，個人の決済でも現金を使わないキャッシュレス決済手段が生まれました。この際クレジットカードの決済手段として口座振替も利用され，光熱費・公共料金をはじめ各種の支払いへと用途が拡大されてきました。

　そのほかのキャッシュレス決済手段は，クレジットカードや振込・口座振替に比べると歴史は浅く，電子マネーは1996年，デビットカードは1999年に，コード決済は2015年に登場しています（**図表1－2**）。

図表1－2　日本のキャッシュレス決済の歴史

1961年	2008年▼スマートフォンの登場　2014年▼政府がキャッシュレス決済の普及を宣言
	クレジットカード
1973年	
	全国銀行データ通信システム
口座自動振替も同時に開始	
1996年	▼2001年「Suica」の登場により利用シーンが拡大
	電子マネー
平日日中の即時送金を実現	
1999年	▼2006年「Visaデビット」の登場により利用シーンが拡大
	デビットカード
1994年▼QRコードの誕生	2004年▼中国版QRコード決済「Alipay」が登場　2015年　コード決済

出所：一般社団法人キャッシュレス推進協議会『キャッシュレス年表』をもとに，アビームコンサルティング作成

　諸外国と比較した際に，日本におけるキャッシュレス決済の歴史上，特徴的な点として，1973年より稼働を開始した全国銀行データ通信システム（全銀システム）の存在が挙げられます。全銀システムにより，金融機関間の平日日中即時送金が可能になり，振込利便性が格段に向上しました。

　諸外国では全銀システムや，送金先の口座情報を即時に確認する金融機関間の中継システムに相当する仕組みが存在しなかったり，参加金融機関数が限られたりしたため，誤送金のリスクが高いことや，振込の反映までに時間がかかることが通常であることから，請求書を確認して小切手で支払う対応が主流でした。

　日本におけるクレジットカード，電子マネー，デビットカード等によるキャッシュレス決済の決済金額全体に占める割合が国際的にみて低水準であると言われている背景の1つとして，日本特有の口座振替や全銀システムに代表される，金融機関が提供してきた**振込・口座振替の利便性の高さ**が挙げられます。

図表1-3　日本のキャッシュレス決済金額の推移

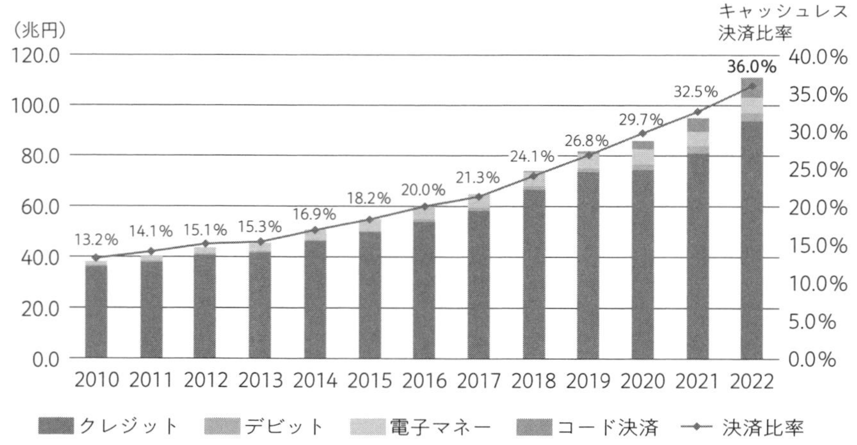

出所：経済産業省『我が国のキャッシュレス決済額及び比率の推移（2022年）』（2023年4月6日）をもとに，アビームコンサルティング作成

　そうした中でも，日本における個人の決済金額に占めるクレジットカード，電子マネー，デビットカード等によるキャッシュレス決済の割合は年々上昇しており（**図表1-3**），経済産業省は2025年までにこの比率を4割程度にするという目標を掲げています。ここで目標としているキャッシュレス決済比率は，分母に民間最終消費支出，分子にクレジットカード支払額，デビットカード支払額，電子マネー支払額，コード決済支払額を足し合わせたものです。

　経済産業省が目標に掲げるキャッシュレス決済比率に振込・口座振替の金額は含まれていませんが，全国銀行協会が口座振替，口座振込を含む，個人給与口座等からの現金以外の払出し割合を「キャッシュレスによる払出し比率」として公表しており，その比率は57.9％に達しています（**図表1-4**）。日本では振込・口座振替による決済割合が高いため，キャッシュレス決済について述べる際は振込・口座振替も含めて俎上に上げないと，実態以上に普及が進んでいないとの誤解を生む可能性があります。

図表1-4 キャッシュレスによる払出し比率

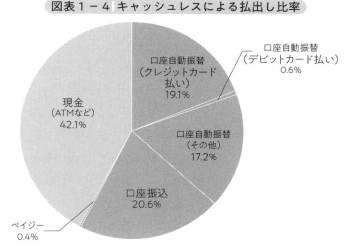

出所：一般社団法人全国銀行協会『キャッシュレスによる払出し比率の調査結果（2022年上半期）』をもとに，アビームコンサルティング作成

（3）政策によるキャッシュレス決済推進の後押し

　日本でキャッシュレス決済比率が上昇している背景には複数の要因が存在します が，代表的な要因として，**スマートフォンの機能の高度化・普及と政府に よる政策の後押し**が挙げられます。

　決済手段は，いつでも使える利便性や，他人に使われないよう情報漏洩対策 がなされているという安全性，入出金の結果が相違しない形で行える必要があ る完全性などが求められ，ひと昔前までは，利用者が安心して利用できる条件 を実現する決済システムを構築するには多大なコストが必要でした。現在では， さまざまな技術の進展がそうした決済システム構築にかかるコストを大幅に低 減させました。

　特にスマートフォン端末の高度化は，端末の持つ指紋認証機能やパスワード 認証によって本人確認が可能なことから比較的安全性があり，通信機能による QRコード（二次元コード，以下「QRコード」と呼ぶ）の発行，サーバー残高 の更新，NFC（Near Field Communication：近距離無線通信技術）内臓によ る非接触決済等により利便性，完全性の高い決済を可能とし，決済サービス提 供事業者が物理的な決済媒体作成に多額のコストをかける必要がないことから， 昨今のキャッシュレス決済で利用者の主たる決済端末として利用されています。

　この普及要因は当然，日本だけのものではなく，一部の新興国などでは，金 融機関が提供する口座を持てない国民でも，スマートフォンにより決済や送金 などの金融サービスを享受することが可能となっています。

　また，政策の後押しという点では，政府は2014年に「日本再興戦略改訂2014」 において，2020年のオリンピックを踏まえ，キャッシュレス決済の普及による 決済利便性向上を図ることを宣言し，直近では2019年に消費税引き上げ後の9 カ月間，キャッシュレス手段を使ったポイント還元支援事業の実施や，2020年 にキャッシュレス決済端末導入支援の実施，2021年にはマイナンバーカードの 取得，2022年にはマイナンバーカードの健康保険証としての利用申込に対し， キャッシュレス決済で使用可能なマイナポイントを交付するなど，さまざまな

普及施策を実施しています。

　政府がキャッシュレス決済を推進する背景として，経済産業省では，既存の課題を解決する観点から「消費者の利便性向上」「現金決済に係るインフラコストの削減」「業務効率化/人手不足対応」「公衆衛生上の安心の実現」「現金の保有や取引機会の減少による不正/犯罪の抑止」の5点と，新たな未来を創造する観点から「データ連携・デジタル化」「多様な消費スタイルを創造」の2点を挙げています[2]。

　政策面での違いはありこそすれ，これらの背景の多くは諸外国にも共通しており，日本以外にも政策によりキャッシュレス決済の推進を行っている国は多く，世界でキャッシュレス決済が普及した要因となっています。

　そうした技術や政策による後押しを受けて，民間企業による取組みがキャッシュレス決済普及を加速させています。

（4）民間企業参入によるキャッシュレス決済市場の発展

　政府による推進以前から，利便性の向上を理由にキャッシュレス決済は利用されています。たとえば，高額の買い物では多額の現金を用意する手間や持ち運ぶリスクを避けるためにクレジットカードが利用されています。電車の利用においては，切符購入の手間や小銭を扱う煩わしさ，改札通過のスピード面で現金よりSuica（電子マネーの1種で2001年に導入された東日本旅客鉄道（JR東日本）・東京モノレール・東京臨海高速鉄道が発行する**サイバネ規格準拠の**ICカード乗車券）等のICカード乗車券が広く利用されていました。しかし，そのほかの飲食店や小売店などにおける日常の決済では現金による支払いが主流でした。

　そうした中，これまで多額の投資が必要であった決済システムを，比較的廉価に提供できる**コード決済**の登場や，EC（Electronic Commerce：インターネット上で買い物や取引ができるウェブサイト）の拡大，訪日外国人によるイ

2　経済産業省『キャッシュレスの将来像に関する検討会 とりまとめ』（2023年3月）
　　https://www.meti.go.jp/shingikai/mono_info_service/cashless_future/pdf/20230320_1.pdf

ンバウンド需要の増加によりキャッシュレスでの決済が求められる消費機会の増加が相まって，民間企業にとってキャッシュレス決済が新たに生まれた成長の見込める魅力的な市場と評価される土壌が生まれました。

　新たな市場におけるシェア獲得のためや，既存事業との親和性などさまざまな思惑のもと，各企業の提供するキャッシュレス決済サービスではさまざまな形でのポイント付与やキャッシュバックキャンペーン，クーポンや家計簿アプリなどとの連携機能が提供され，現金にはないインセンティブを提供したことで，利用者にとっては現金よりキャッシュレス決済の利便性が上回るシーンが増えてきたことも，キャッシュレス決済比率の増加に繋がっています。

　その他にも，店頭やECサイトで使えるさまざまなキャッシュレス決済サービスおよび決済端末を提供するベンダーや，店舗とサービス提供業者間の契約を仲介する決済代行業者が，小売店などのキャッシュレス決済の導入を容易にしており，キャッシュレス決済比率の増加に貢献しています。

　このように，技術，政府，民間企業の各方面からキャッシュレス決済推進の取組みがなされており，利用者も非接触決済を好むようになってきて，普及への環境が整いつつあると言えます。一方で，急速なキャッシュレス決済の普及は，**規格の異なる多種多様なサービスが乱立する状況**を招いています。

② キャッシュレス決済の種類とサービス提供事業者

（1）決済手段，支払方法の多様性

　日本で利用可能な主なキャッシュレス決済手段はクレジットカード決済，デビットカード決済，電子マネー決済，コード決済，振込・口座振替と複数あります。

　支払い時に用いる媒体には，プラスチックカードに埋め込んだ**ICチップ**や**磁気ストライプ**を利用するものから，印字された**シリアルコード**をPC等を利

用してウェブブラウザ画面に入力するものもあれば，スマートフォンに内蔵された ICチップや，画面に表示する QRコードによるもの，カメラで QRコードやバーコードを読み取るもの，アプリ上で電話番号を入れることで送金を可能にするものまで，多岐にわたります。

　また，支払方法についても，**前払い（プリペイド）**，**即時払い（リアルペイ）**，**後払い（ポストペイ）**の3種類があります（**図表1－5**）。

　前払いとは，実際にサービスを受ける前に現金等を支払って，サーバー上に電子マネーなどの形で支払可能な残高を持ち，決済のタイミングで残高から差し引く支払方法です。

　即時払いとは，サービスの対価として決済を行うタイミングで金融機関口座から出金される支払方法です。前払い，即時払いはいずれも基本的には残高を超えた金額の決済はできません。

　後払いとは，サービスの対価として決済をしたタイミングでは，利用者は支払いを行わず，後日口座引き落としなどの形態で支払いを行う方法です。決済可能な金額は決済サービス提供事業者による審査の結果決定される金額になり

図表1－5　多様なキャッシュレス決済

キャッシュレス決済	=	決済媒体	×	決済手段	×	支払方法

商品やサービスに対して，お金などの対価を支払い

プラスチックカード
✓ICチップ
✓磁気ストライプ
✓シリアルナンバー

スマートフォン
✓ICチップ
✓アプリケーション

PC
✓ウェブブラウザ

クレジットカード

電子マネー

デビットカード

コード決済

振込・振替

前払い（プリペイド）

即時払い（リアルペイ）

後払い（ポストペイ）

銀行口座や現金

ます。

　実際には，前払い式の電子マネーをチャージする手段として，後払い式のクレジットカードを設定することで，利用者が実際に支払うタイミングはクレジットカードの利用金額が請求されるタイミングとすることができるなど，キャッシュレス決済手段間での価値の移動が可能なサービスも多数提供されています。また，必ずしもキャッシュレス決済とは限りませんが，BNPL（Buy Now Pay Later：後払い決済）という支払方法も拡大しており，利用者には多様な支払方法の選択肢が存在します。

（2）キャッシュレス決済を実現するために必要な機能

　いずれの決済手段，支払方法においても，キャッシュレス決済サービスには，利用者と契約してキャッシュレス決済手段を提供する**イシュイング（イシュアリング）機能**が必要です。クレジットカードの場合，この機能を提供する事業者を**イシュアー**と呼び，利用者を募集・審査するほか，利用者への代金請求，ポイントサービスなどの付帯サービスも提供します。キャッシュレス決済サービス提供事業者という場合，このイシュイング業務を担う事業者を指します。

　また，利用者がキャッシュレス決済を使用できる加盟店（お店）を開拓する**アクワイアリング機能**も必要です。クレジットカードの場合，この機能を提供する事業者を**アクワイアラー**と呼び，イシュアーが利用者から回収した代金を加盟店に入金する機能も担います。

　イシュイング機能を持つサービス提供事業者がアクワイアリング機能を兼ねることもあれば，別々の事業者の場合もあります。

　海外でも利用可能なクレジットカードの場合，国際的な決済ネットワーク機能が必要であり，この機能を提供する事業者を**国際ブランド**と呼びます。

　電子マネーの場合には，電子マネーの残高や発行を管理する運営機能が必要であり，この機能を提供する事業者を**スキームホルダー**と呼びます。

　また，さまざまなブランドや決済手段を利用可能としたい加盟店は，複数のアクワイアラーと契約を結ぶ必要がありますが，そうした手間を代行してくれ

るサービスなどを提供する会社を**決済代行業者**と呼びます。

　決済手段によって，スキームホルダーがイシュイング機能を兼ねるなどの役割に違いはあるものの，いずれもキャッシュレス決済を実現するために共通して必要な機能となります（**図表1-6**）。

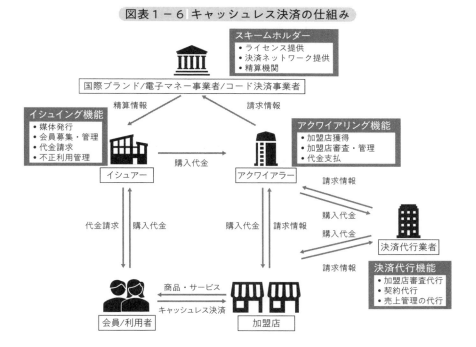

図表1-6　キャッシュレス決済の仕組み

（3）多様なサービス提供事業者

　キャッシュレス決済手段のうち，デビットカード，振込・口座振替は**金融機関に口座がないと決済ができない**ため，サービス提供主体が金融機関に限られます。

　一方で，古くからあるクレジットカードのサービス提供事業者は銀行が主流な国が多いものの，日本では過去，**銀行法**により銀行本体によるクレジット

カードの発行が認められていない時代があったため，信販会社のほか，百貨店や鉄道，航空事業者などのさまざまな業界の企業が参入しています。

　電子マネーはプリペイド型のサービスが多く，**決済処理速度が速いため**，電車などの交通系や大手小売業者などによる参入が多い傾向にあります。

　コード決済はサービス登場当初こそ，コード決済を主事業とする新興企業など，多様なサービス提供事業者が存在しましたが，近年は通信事業者などの，元々既存事業で多くの利用者を抱える企業が参入して，シェアの多くを占めるようになっています。

　いずれの決済手段も決済額を伸ばしていることからわかるように，それぞれの決済手段にはほかの手段と比較した際のメリットが存在しています。結果として日本では多様な決済手段に多種多様な企業がさまざまな思惑を持って参入し，キャッシュレス決済サービス提供事業者間で激しい競争が起こっており，**キャッシュレス決済そのもので利益を上げることが非常に難しい業界となって**います。

　そのため，キャッシュレス決済サービスにビジネスとして参入するには，**どのようなビジネスモデルで収益を得るかが非常に重要です**。また，すでに参入している事業者は，多くの競合がいる中で利用者を獲得，囲い込むために，自社サービスで継続して他社にない特色を打ち出し続けることが重要になります。

　加盟店にとっても，サービス提供事業者間の競争があることで，キャッシュレス決済に係る手数料の低下が期待できる一方で，現金決済だけの場合と比較した機会損失とキャッシュレス決済に係る手数料とどちらの影響が大きいのか，という点以外にも，どの種類のキャッシュレス決済を使えるようにすることが利益を最大化させるのかを検討することが求められます。

（4）キャッシュレス決済にビジネスとしてかかわるうえで

　現在，あるいはこれから，キャッシュレス決済に，スキームホルダー，イシュアー，アクワイアラー，あるいは加盟店や決済代行業者など何らかの形でかかわる人にとっては，キャッシュレス決済の今後の展望を持って戦略を策定

し，実行していくことが求められます。

　一方で，日本におけるキャッシュレス決済は，足許で，各社がさまざまな機能拡充やキャンペーンによる顧客獲得競争を繰り広げています。また，**給与デジタル払いやEmbedded Finance（組込金融）**など，今後のキャッシュレス決済の普及やシェアに影響を与えうるさまざまなトピックスもあり，状況が日々移り変わっていることから，今後の展望を持つことは容易ではありません。

　キャッシュレス決済の展望を考えるにあたっては，複雑に見える現在のキャッシュレス決済手段ごとのビジネスがどのようにして成り立っているのか，さまざまな事業者が何を狙ってキャッシュレス決済業界に参入してきているのか，を知ったうえで，近い将来キャッシュレス決済業界に影響を与えそうなトピックス，海外におけるキャッシュレス決済の状況と日本との相違点などを踏まえる必要があります（**図表1－7**）。

図表1－7　これからのキャッシュレス決済ビジネスの考え方

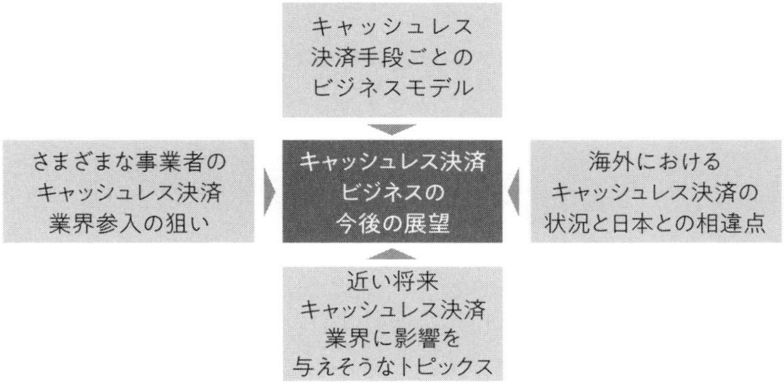

第2章
主なキャッシュレス決済サービス

① クレジットカード決済

（1）クレジットカード決済の仕組み

　クレジットカード決済は，店舗やオンラインサービスでの商品，サービスの購入に欠かせない決済手段として広く普及しており，**キャッシュレス決済全体額に占める割合は84.5％**[1]となっています。

　クレジットカード決済は，国際ブランド，アクワイアラー，イシュアー，加盟店，決済代行業者などのプレイヤーで構成され，決済の仕組みは大きく2つに区分（直接契約方式・包括加盟店方式）されます。

┃ クレジットカード決済のプレイヤー
① 国際ブランド

　Visa，Mastercard，JCB，American Express，Diners Club Internationalが世界5大ブランドと呼ばれ，日本国内だけではなく世界の加盟店で使えるクレジットカードのブランドです。国際ブランドはアクワイアラーに決済システム

---

[1]　一般社団法人キャッシュレス推進協議会『キャッシュレス・ロードマップ2023』
　　https://paymentsjapan.or.jp/wp-content/uploads/2023/08/roadmap2023.pdf

ネットワークを提供し，イシュアーにそのブランドライセンスを発行して，国際ブランドが構築した決済システムの利用を可能にしています。それにより，カード会員にとっては世界中のどこでもクレジットカードを利用できる環境が提供されます。

② イシュアー

　イシュアーは国際ブランドとカード会員の間を取り次ぐ役割を果たし，主にクレジットカード会員の獲得，クレジットカードの発行，クレジットカード会員の情報管理や代金請求，不正利用管理などを行います。国内大手のイシュアーとしては，JCBや三井住友カード，楽天カード，三菱UFJニコスなどがあります。

③ アクワイアラー

　アクワイアラーは，国際ブランドからライセンスを取得し，クレジットカード決済を導入する事業者の開拓，加盟店審査や登録・管理を行います。割賦販売法では，アクワイアラーは「立替払取次業者」と定義され，クレジットカード決済が行われた場合，アクワイアラーが加盟店へ売上金を立て替えて入金するため，加盟店は自らイシュアーやカード会員に対して請求をする必要はありません。海外ではアクワイアラーの役割は銀行が担うことが一般的ですが，日本での多くはクレジットカード会社がアクワイアラーとイシュアーを兼務しています。

④ 加盟店

　クレジットカード決済を導入する事業者はアクワイアラーが審査を行い，承認を受けたうえでアクワイアラーと加盟店契約を締結し，クレジットカードの取扱いが可能な加盟店となります。加盟店となることでクレジットカード決済の提供が可能となりますが，一方でアクワイアラーが定める各種ルール（加盟店規約）に従う必要があります。

⑤ カード会員

　イシュアーが発行したクレジットカードを貸与されている利用者（個人，法人）を指します。イシュアーが定める審査に合格すると，申請者のもとにクレジットカードが届き，カード会員となることが可能です。

⑥ 決済代行業者（Payment Service Provider；PSP）

　PSPは，加盟店とアクワイアラーの間に立ち，契約・システム・資金決済などを管理し，複数のアクワイアラーとの契約を一元管理します。これにより，加盟店は手続きやシステム構築などの対応を一本化できるほか，入金処理業務などの事務作業を削減できたり，各アクワイアラーが定める入金日よりも早く売上金を受け取ることができるなど，キャッシュフローの改善や業務コストを削減できるメリットを享受できます。

▌クレジット決済の2つのモデル

① 直接契約方式（4者決済モデル）の仕組み

　直接契約方式では，アクワイアラー，イシュアー，国際ブランド，加盟店の4者の主要なプレイヤーが関与します。**加盟店がアクワイアラーと直接契約し，加盟店とアクワイアラーの間で決済処理や入金が直接行われる方式**です。カード会員がクレジットカードで商品を購入した時点で，加盟店がアクワイアラーに決済処理を直接要求し，決済可能な状態であれば商品を提供します。加盟店手数料を引いた売上が，アクワイアラーから加盟店に入金され，後日，カード会員はイシュアーに対して利用代金を支払います。

　直接契約方式では，PSPを介さないため，決済代行手数料がかからない点や，アクワイアラーと直接やりとりするため，問題が発生した際の対応がスムーズになる可能性がある点がメリットです。

　一方，アクワイアラーと個別に契約を結ぶため，審査や手続きに時間がかかる点，複数のカードブランドを取り扱う場合，締め日や入金日が異なるため，経理業務が煩雑になる点，自社でクレジットカード決済システムを構築する必

要があり，開発・運用にコストがかかる点，などがデメリットとして挙げられます。

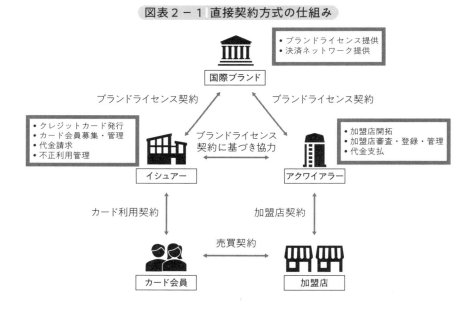

図表2-1　直接契約方式の仕組み

国際ブランド
- ブランドライセンス提供
- 決済ネットワーク提供

ブランドライセンス契約　　　　ブランドライセンス契約

イシュアー
- クレジットカード発行
- カード会員募集・管理
- 代金請求
- 不正利用管理

ブランドライセンス契約に基づき協力

アクワイアラー
- 加盟店開拓
- 加盟店審査・登録・管理
- 代金支払

カード利用契約　　　　加盟店契約

カード会員　　　売買契約　　　加盟店

② 包括加盟店方式（5者決済モデル）の仕組み

　包括加盟店方式では，決済プロセスにおいて直接契約方式のプレイヤーにPSPを加えた5者のプレイヤーが関わります。加盟店がPSPと契約している場合，カード会員がクレジットカードで商品を購入した時点で，加盟店はPSPに対して決済処理を要求し，PSPを経由してアクワイアラーによる処理完了後，加盟店は商品を提供します。アクワイアラーとPSPはそれぞれの決済手数料を差し引いた金額を加盟店に入金する一方，後日イシュアーはカード会員に代金を請求します。

　このように，包括加盟店方式では，PSPがアクワイアラーとの契約や手続きを代行するため，加盟店は手間やコストを削減できるほか，売上や入金の管理

を一元化できるため，複雑な管理作業から解放され，入金日の一本化によって，資金繰り改善の効果も見込めるメリットがあります。

　また，PSPから複数の決済方法に対応したシステムを提供されるため，加盟店は自前でシステムを構築する必要がなく，PSPのシステムと接続できるように改修するのみで，決済端末導入にあたるシステム改修が最小限で済む点も，包括加盟店方式の特徴です。

　日本のクレジットカード決済における，直接契約方式と包括加盟店方式の契約数の割合について，正確な統計は公開されていませんが，一般的には**包括加盟店方式が多数を占めている**と言われています。その背景として，日本ではクレジットカードの種類やブランドが多く，利用者の利便性を高めるため，PSPを利用して一括で契約できる包括加盟店方式を選ぶ加盟店が多いことや，一般的にPSPがアクワイアラーと交渉することで，加盟店手数料を低く抑えられるといったことが挙げられます。

図表2－2　包括加盟店方式の仕組み

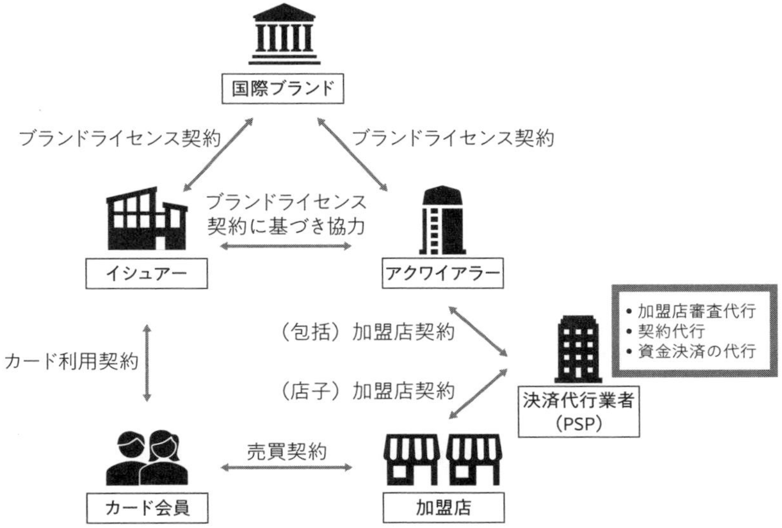

▌クレジットカード決済の金流（収益・コスト構造）

① 国際ブランド

　国際ブランドは，イシュアーやアクワイアラーに対して**ブランドフィー**と言われるブランド・ネットワーク利用料を徴収することで収益を得る一方で，決済ネットワークの運営やルールの作成・運営などにコストがかかります。

② イシュアー

　イシュアーは，加盟店手数料の一部を**インターチェンジフィー**等としてアクワイアラーを通じて受け取るほか，カード会員からの年会費や分割払い・リボルビング払い利用に対する利息，遅延損害金などを収入としています。インターチェンジフィー等は，カード会員の利用額に対して一定割合で設定されるものであり，国際ブランドやカードの種類，加盟店業種によって名称や設定の割合が異なります。一方で，カード会員の管理や代金請求，不正利用対策などにコストがかかります。

③ アクワイアラー

　アクワイアラーは，**加盟店手数料**を主な収入源としており，加盟店がクレジットカード決済を受け付けるたびに一定割合で支払われますが，その料率は国際ブランドやカード種類，加盟店業種などによって異なります。一方で，加盟店の開拓や管理，決済システムの提供などにコストがかかるほか，インターチェンジフィー等が設定されている場合は，加盟店手数料の一部をイシュアーに支払います。

④ 加盟店

　加盟店は，クレジットカード決済による売上増や現金管理の効率化などが見込まれる一方で，アクワイアラーやPSPに対して加盟店手数料を支払う必要があります。加盟店手数料は一般的に2〜5％程度と言われますが，加盟店の業種や年間売上高などによって異なります。

⑤　決済代行業者（PSP）

　PSPは，加盟店からのクレジットカード利用に伴う月額利用料や取引手数料などを収入としています。また，複数のアクワイアラーや国際ブランドとの連携，決済システムの開発・運用などにコストがかかります。

図表2－3　クレジットカード決済の金流（包括加盟店方式）

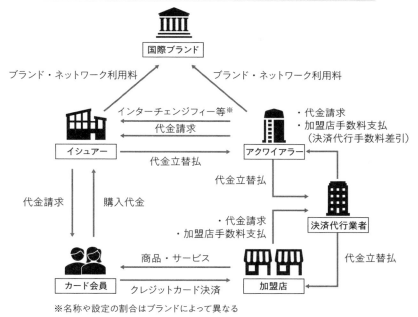

※名称や設定の割合はブランドによって異なる

（2）クレジットカード業界の最新動向

業界動向概要

　一般社団法人日本クレジット協会の調査によると，2022年のクレジットカードの年間取扱高（年間信用供与額）は，前年比15.8％増の93.8兆円となり，過去最高を記録しています。また，2023年3月末時点のクレジットカード発行枚数は前年比2.5％増の3億860万枚で，20歳以上の人口比での1人当たりの平均

保有枚数は3.0枚となり，クレジットカードは社会における重要な決済手段として機能しています。

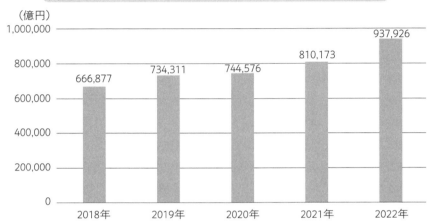

図表2-4　クレジットカードショッピング信用供与残額推移

（億円）

出所：一般社団法人日本クレジット協会「クレジット関連統計」をもとにアビームコンサルティング作成

┃インターチェンジフィーの公表

　クレジットカードのインターチェンジフィーの標準料率は2022年まで公表されていませんでしたが，政府当局などからは，加盟店が国際ブランドやアクワイアラーを選択するための情報が不十分であり，公正な競争を阻害するといった課題が指摘されてきました。

　2019年，消費税率が10％に引き上げられたことに伴い，政府がキャッシュレス決済の普及促進策としてポイント還元事業を実施するとともに，**加盟店に対して加盟店手数料を補助する仕組み**を導入しました。この仕組みにより，加盟店手数料率やインターチェンジフィー料率に関する議論が活発化することになりました。

　2022年4月，公正取引委員会は「クレジットカードの取引に関する実態調査

報告書」を公表し，インターチェンジフィーの標準料率の公開やポイント還元事業の透明性確保などの提言を行い，経済産業省は，2022年3月に「キャッシュレス決済の中小店舗への更なる普及促進に向けた環境整備検討会」のとりまとめを公表しました。これらの中で，「国際ブランドにあっては，インターチェンジフィーの標準料率を公開することが望ましい」という考え方を示しました。

　このような動きを受けて，2022年10月以降，Mastercard, Union Pay（銀聯）およびVisaがインターチェンジフィーの標準料率を順次公開しました。インターチェンジフィー料率を参考にすることができるようになって，市場の透明性が高まり，加盟店のアクワイアラーやPSPに対する価格交渉に活用できる情報が増えることになりました。

　これにより，今後は，国際ブランドの選択やアクワイアラーとの加盟店手数料の交渉において，業種によるインターチェンジフィー料率の違いなどを踏まえた価格交渉が可能となり，加盟店のコスト負担の軽減に繋がる可能性があるほか，各業種の実態などに即したインターチェンジフィー料率について，議論が活発になる可能性もあります。

▍その他の取組み

　クレジットカード業界では，新規参入業者や異業種からの競合に対抗するため，独自のサービスや付加価値を提供する取組みが活発化しています。たとえば，カード会員にカード利用履歴やポイント残高などの情報を提供するとともに，AI技術を活用し，カード会員の嗜好やライフスタイルに応じたおすすめ商品・サービスの紹介，最適な返済プランの提案を行うなど，イシュアーがカード会員の満足度向上や利用促進を図る事例が見られます。

　一方で，政府はクレジットカード決済における消費者保護の強化を目的として，クレジットカード決済システムのセキュリティ対策強化を要請しています。

　2023年2月，経済産業省は，「クレジットカード決済システムのセキュリティ対策強化検討会」の報告書を取りまとめるとともに，2023年3月には，

「クレジットカード・セキュリティガイドライン」（事務局：一般社団法人日本クレジット協会）を改訂し，アクワイアラーや加盟店などに対してクレジットカード番号などの情報保護対策の強化のほか，イシュアーや加盟店などに対し不正利用防止措置としての本人確認強化やフィッシング対策強化などを要請しました。

（3）クレジットカードを取り巻く課題と展望

キャッシュレス化の進展に伴い，低コストやポイント還元などを訴求したコード決済などの新たな決済手段の普及，インターチェンジフィー公表に伴う加盟店手数料の適正化や低減による収益圧迫，個人情報保護や不正利用対策などのセキュリティリスクへの対応など，クレジットカード業界はさまざまな課題への対応が求められています。

一方で，キャッシュレス決済比率がまだ4割にも満たない日本においては，今後のキャッシュレス化の更なる進展に伴って，コード決済などの新たな決済サービスと紐づくことで，物理的なカード以外の手段でクレジットカード決済を利用する機会が増えることが予想され，クレジットカード決済額が拡大する余地は大きいとも言えます。

② デビットカード決済

（1）仕組みと手数料等の流れ

デビットカード決済は，利用者が加盟店でデビットカードを利用して買い物をすると，金融機関口座から即時に利用代金の引落しが行われる仕組みです。申込時に与信審査がなく，デビットカードを作成できます。デビットカード決済は，さらにJ-Debit，ブランド・デビットの2つの仕組みに分類されます。

J-Debitの仕組み

　J-Debitは，金融機関が発行するキャッシュカードに付帯したサービスで，全国の金融機関が加盟する**日本電子決済推進機構（JEPPO）**が提供しています。J-Debitマークの表示がある国内の加盟店，約45万ヵ所で利用できます[2]。J-Debitの利用可能なキャッシュカードは，銀行，信託銀行，信用金庫，信用組合，労働金庫，系統農漁協の941金融機関で発行されています[3]。

　決済システムは，株式会社NTTデータが提供する，日本最大のカード決済ネットワークCAFISを利用しており，CAFISクリアリングセンターにて決済情報を集中管理しています。CAFISクリアリングセンターは，各手数料，入

図表2－5　J-Debitの仕組み

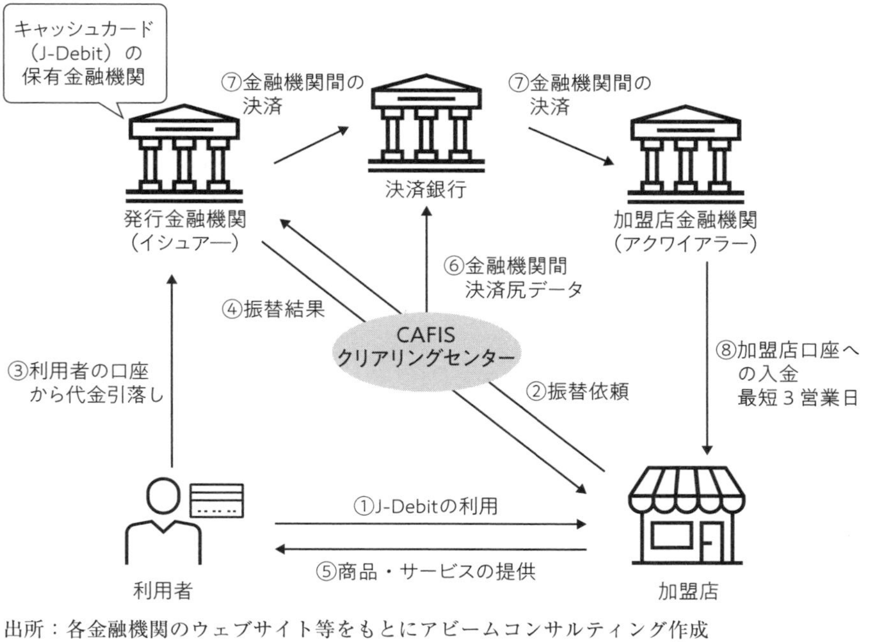

出所：各金融機関のウェブサイト等をもとにアビームコンサルティング作成

2　2018年3月31日時点の設置端末数。
3　2023年7月31日現在。

金額および出金額を相殺した決済尻金額を提供しており，加盟金融機関の決済事務処理を省力化しています。加盟店口座への入金はJ-Debitの利用から最短3営業日です（**図表2－5**）。

▍J-Debitの手数料等の流れ

　J-Debitの手数料等の流れは，アクワイアラーが加盟店から加盟店手数料，イシュアーがアクワイアラーから発行銀行手数料，CAFISクリアリングセンターがアクワイアラーからネットワーク使用料を徴収しています。一般的に，J-Debitの加盟店手数料は，クレジットカードと比較して与信コストが発生しないため安価に設定されています（**図表2－6**）。

図表2－6　J-Debitの手数料等の流れ

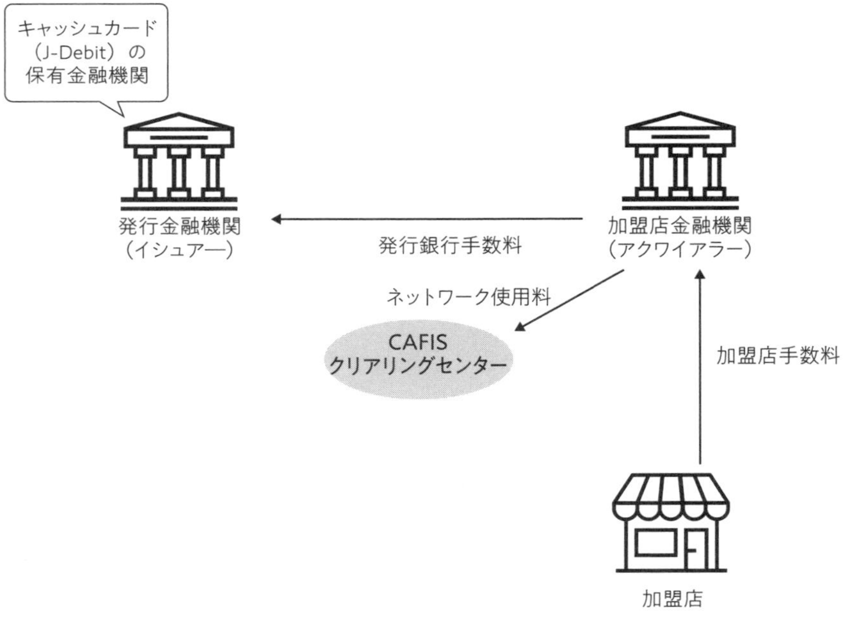

出所：各金融機関のウェブサイト等をもとにアビームコンサルティング作成

ブランド・デビットの仕組み

　ブランド・デビットは，クレジットカード会社が発行する国際ブランド付のデビットカードを利用したサービスです。それぞれの国際ブランドマークの表示がある加盟店で利用できます。ブランド・デビットは，国際ブランドのうちVisa，Mastercard，JCB，銀聯が提供しており，さまざまなクレジットカード会社や金融機関等から発行され，磁気ストライプやICチップを利用した取引が可能です。

　決済システムはクレジットカード同様に国際ブランド決済ネットワークを利用しており，世界的な加盟店ネットワークを保有しています。また，Visaの取

図表2-7　ブランド・デビットの仕組み

⑤売買取引債務相当額を保留金として利用者口座から振替

国際ブランド会社
⑫支払い
⑥利用承認結果

発行金融機関
（イシュアー）

国際ブランド
決済ネットワーク*
③利用承認
⑩売上確定情報

クレジットカード会社/
金融機関等
（アクワイアラー）

④口座出金
⑪利用承認と売上確定通知で金額が異なる場合，口座入出金

⑨売上確定情報
②利用承認

⑦利用承認結果
⑬加盟店口座への入金
月1，2回程度

利用者
①ブランド・デビットカードの利用
⑧商品・サービスの提供
加盟店

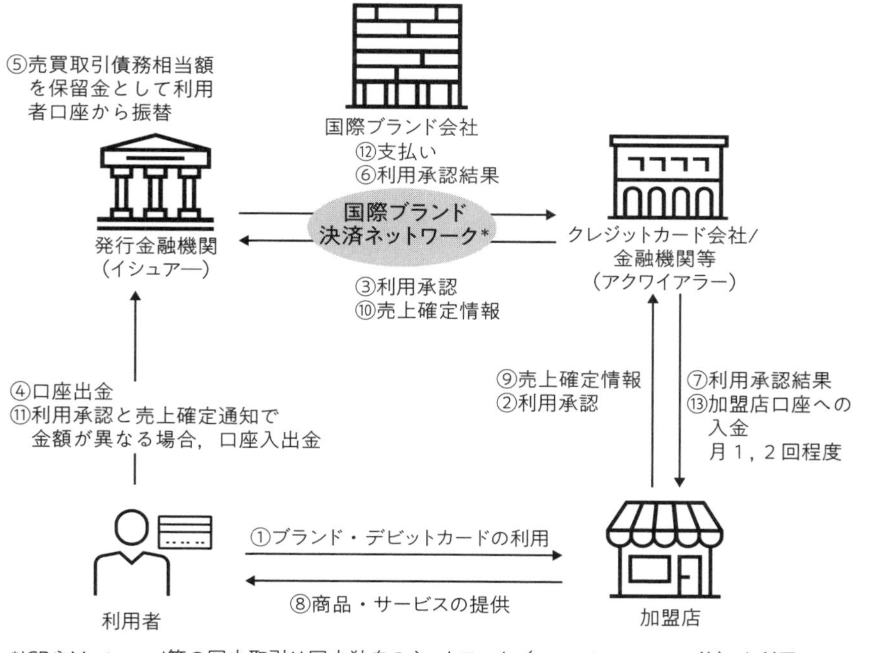

*JCBやMastercard等の国内取引は国内独自のネットワーク（CAFISやCARDNET等）を利用

出所：消費者庁『キャッシュレス決済の現状と消費者問題に係る実態調査について』（2021年9月）をもとにアビームコンサルティング作成

引は，国内外問わず国際ブランド決済ネットワークを利用していますが，JCBやMastercardの国内取引は，J-Debit同様にCAFISや株式会社日本カードネットワークが提供するCARDNET，各クリアリングセンター等日本独自のネットワークを利用しています。加盟店口座への入金は月1，2回です（図表2-7）。

　J-Debitとブランド・デビットには，アクワイアラーと加盟店，または決済代行事業者と加盟店にて締結する，2種類の加盟店契約[4]があります。

▌ブランド・デビットの手数料等の流れ

　ブランド・デビットの手数料等の流れは，基本的にクレジットカードと同様です。利用者から徴収する年会費は，無料とするものが多く，クレジットカードに比べ安価に設定されています（図表2-8）。

（2）業界動向

▌デビットカードの利用状況

　近年，デビットカード決済は，決済金額，件数ともに拡大傾向が続いています。拡大している理由は，ブランド・デビット発行銀行数の拡大とデビットカードの商品性にあると推察されます。

　ブランド・デビットの発行銀行数は，2015年の15行から，2023年7月時点で約50行へと拡大しています。各行預金者が会員となることで会員数が増加するに伴って，決済金額・件数も拡大してきました。ノンバンクのクレジットカードが中心であった従来のカード市場を，銀行によってさらに拡大しようとするブランドの戦略や，預金口座の機能を高めキャッシュレス化をさらに進めようとする銀行の施策等が背景にあると察せられます。

　利用者にとっても，預金口座から即時に引落しされるデビットカードは残高以上の支払いが原則できないため，「遣い過ぎ」を回避することができ[5]，安心

4　J-Debitはそれぞれの契約による加盟店の名称を直接加盟店，間接加盟店と呼びます。
5　総合口座の当座貸越を利用できるデビットカードも一部あり，その場合は預金残高不

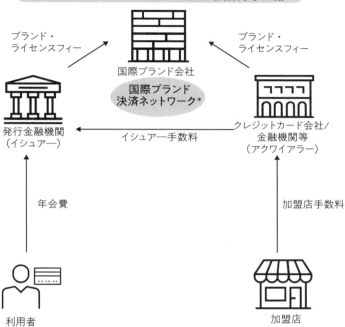

図表2-8 ブランド・デビットの手数料等の流れ

*JCBやMastercard等の国内取引は国内独自のネットワーク（CAFISやCARDNET等）を利用

出所：経済産業省『キャッシュレス社会への取組み』（2018年10月）をもとにアビームコンサルティング作成

感をもって利用できるという特長が受入れられていると考えられます（**図表2-9**）。

J-Debitの利用用途の拡大

　J-Debitは，決済に利用されるだけでなく，店頭のレジで自身の金融機関口座から現金を引き出すことができるキャッシュアウトサービスも展開しています。キャッシュアウトサービスは，たとえば，過疎化が進む地域に住んでいる

足時に自動的に当座貸越が行われて決済ができます。

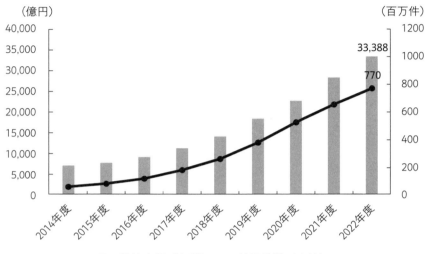

図表2－9 デビットカードの決済金額・件数の推移

注：日本国内でデビットカードを取り扱っている日本電子決済推進機構，JCB，Visa，銀聯
　　の4調査先から提供された計数を日本銀行が集計
出所：日本銀行「決済動向」をもとにアビームコンサルティング作成

高齢者にとっては，必要な現金を入手するために遠くの金融機関窓口やATM
に出向かずに済むメリットがあり，金融機関にとっても負担となっている
ATMなどの固定費削減に繋げることができます。最近ではトラックで食料品
などを販売する移動スーパーのレジにキャッシュアウトサービスを導入してい
る企業も見受けられます。

　また，2022年7月中旬より，プリペイド型電子マネーである楽天Edyの多機
能チャージ機は，J-Debitのシステムと連携して銀行口座からのチャージが可
能になり，デビットカード決済のチャージ手段への利用も始まっています。

▎J-Debitの仕組みの活用

　日本電子決済推進機構では，J-Debitの仕組みを活用した新たな決済サービ
ス，Bank Payを提供しています。スマートフォンによるQRコード決済サー

ビスは，アプリで加盟店側のQRコードを読み取る方式（**MPM**：Merchant Presented Mode），POSレジ等でアプリのQRコードを読み取る方式（**CPM**：Consumer Presented Mode）の両サービスに対応しています。

　加えて，J-Debitのシステム基盤を利用した「ことら」送金サービスの機能（第2章5「振込・振替」を参照）や税公金支払いの機能もBank Payのアプリに追加して，アプリの利便性を向上させています。

　その他にも，個々の企業が提供しているアプリへのBank Payの決済機能の追加，いわゆるEmbedded Finance（組込型金融）を提供しています。従来，小売等の企業が金融機関口座と接続して利用金額の引き落しを行うためには，金融機関ごとに個別の契約が必要でしたが，Bank Payでは1つの契約で複数の金融機関[6]と接続が可能になります。

　そうした特性に魅力を感じた個々の企業が，自社で提供しているアプリでの金融機関口座の即時決済（デビット型）や，プリペイド型電子マネーへの金融機関口座からのチャージ手段として導入する事例が増えてきています。また，BNPL（Buy Now Pay Later）やECサイトでの支払手段としても利用され始めています（**図表2-10**）。

（3）課題と展望

　デビットカードによる決済金額は，クレジットカードと比較するとまだまだ少ない金額です。（「**図表1-3日本のキャッシュレス決済金額の推移**」p.4参照）。J-Debitはクレジットカードのような会員サービスやポイント還元の仕組みがなく，利用できる加盟店もクレジットカードに比べると限られます。ブランド・デビットも，ポイント還元率がクレジットカードと比べ低い傾向にあるなど，デビットカードを保有していても利用が広がっていない課題があります。

　一方で，J-Debitはデビットカードによる決済だけではなく，仕組みを活用したQRコード決済やEmbedded Financeにも利用方法を広げています。加盟

6　最大で296の金融機関（2023年9月末時点）の利用が可能ですが，各企業のアプリによって利用可能な金融機関は異なります。

図表2−10 Bank PayのEmbedded Financeの事例

サービス名称	提供会社	導入手段	提供開始日
UNIQLO Pay	株式会社ファーストリテイリング	デビット EC	2021年1月 2021年10月
TOYOTA Wallet	トヨタファイナンシャルサービス株式会社	デビット チャージ	2021年7月
au PAY	KDDI株式会社 auペイメント株式会社	チャージ	2021年12月
家計簿プリカB/43	株式会社スマートバンク	チャージ	2022年6月
SU-PAY	株式会社SU-PAY	チャージ	2022年9月
Coke ON Wallet	日本コカ・コーラ株式会社	チャージ	2022年11月
Smartpay Bank Direct	株式会社Smartpay	BNPL	2022年12月
みきゃんアプリ （愛媛の県民アプリ）	株式会社デジタルテクノロジー四国	チャージ	2023年2月
FビレッジPAY	株式会社 ファイターズ スポーツ＆エンターテイメント	デビット	2023年3月
d払い	株式会社NTTドコモ	チャージ	2023年3月
カメガヤポイントカード	株式会社カメガヤ	チャージ	2023年6月
HAPPAY	株式会社ツルハホールディングス	チャージ	2023年6月

出所：日本電子決済推進機構のウェブサイトおよび各企業プレスリリース（2023年7月末時点）をもとにアビームコンサルティング作成

　店の拡大に向けた金融機関全体での推進とあいまって，今後の利用拡大が期待されます。

　ブランド・デビットは，クレジットカードとともに訪日外国人観光客の決済手段の受け皿になることが期待されます。日本ではデビットカードよりクレジットカードの決済比率が圧倒的に高いですが，海外ではデビットカードのほうが，決済比率の高い国も多く存在しており，世界中で利用できるブランド・デビットは訪日外国人観光客の増加とともに，利用拡大が期待されます（**図表2−11**）。

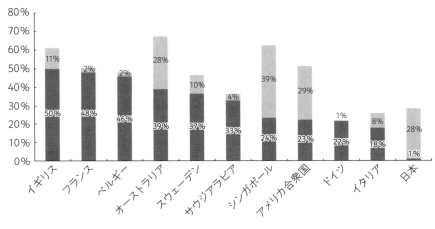

図表 2 −11 各国のクレジットカードおよびデビットカードの決済比率

注：決済比率は民間最終消費支出に対するそれぞれの取扱高の割合
　　デビットカードの決済比率が高い10ヵ国と日本を抽出
出所：一般社団法人日本クレジット協会『日本のクレジット統計2022年版』

③ 電子マネー決済

（1）仕組みと手数料等の流れ

　電子マネーとは，電子的に保存された残高（貨幣価値を示すデータ）を使った支払手段の総称です。法律などで厳密に定められた用語ではなく，日本では金融庁が管轄する「資金決済に関する法律」（資金決済法）に定められる「前払式支払手段」に分類されます。

▌決済の記録媒体による違い

　前払式支払手段の主な種類はその前払金額をどの媒体で記録するかによって４種類に大別されます。百貨店の商品券などの「紙型」，磁気テープを貼り付

けたカードを用いた「磁気型」，交通乗車券などの「ICチップ型」，残高を発行会社が管理するサーバーに記録する「サーバー管理型」です。本書ではこれらのうち，近年主流となっている「**ICチップ型**」，「**サーバー管理型**」について解説します。

図表2-12　本書で取り扱う電子マネーの範囲

前払式支払手段	紙型	百貨店などの商品券，カタログギフト券など	
	磁気型	クオカード，テレホンカード，ガソリンスタンドやゴルフ場で利用できるプリペイドカードなど	
	ICチップ型	交通系ICカード：Suica，PASMO，ICOCAなど 流通系ICカード：楽天Edy，nanaco，WAONなど	本書で解説
	サーバー管理型	Amazonギフト券，iTunesカード，Google Play ギフトカードなど	

●ICチップ型

　「ICチップ型」は，カードまたはスマートフォン端末などにIC（集積回路）チップを搭載することで，非接触による決済を可能としています。決済端末に内蔵されたアンテナから電波を発生させることでリーダライタ（ICチップ情報を読み取る機械）との通信が可能なため，かざすだけで決済することができます。日本では「FeliCa（フェリカ）」（Type-F）と呼ばれるNFC規格が普及しています。FeliCaはセキュリティ面に優れ，他の規格よりも処理速度が速く，国内で広く利用されている交通系ICカードなどに搭載されています。

●サーバー管理型

　「サーバー管理型」は，金銭的な価値をサーバーで管理しています。「ICチップ型」では，カード上のチップに金銭的な価値を記録しますが，「サーバー管理型」ではこれがインターネット上のサーバーで管理されており，利用者はサーバー上の金銭価値と関連づけられた十数桁の文字列（数字や文字など）を

オンラインゲームのコンテンツやECサイト商品を購入する際に入力することで決済ができる仕組みとなっています。代表的なものとして，Amazonギフト券やiTunesカードなどがあります。

図表2-13　電子マネーの決済手段

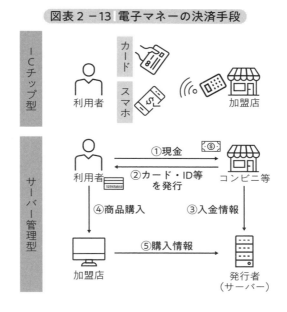

▋発行形態

　電子マネーの発行形態は，「**自家型**」と「**第三者型**」の2種類に分類されます。

●自家型

　「自家型」とは，発行者が運営する店舗やインターネットショップに限定して利用できる電子マネーです。「ハウスプリペイド」，「ハウス電子マネー」とも呼ばれますが，発行者と加盟店が実質的に同一となるため，単一事業者での導入が可能となります。国際ブランドやアクワイアラーが存在しないので中間

マージンも発生せず，自社のみでサービスを完結できるため，クレジットカードなど他の決済サービスとの大きな違いとなっています。

　代表的なものとして，Amazonギフト券やiTunesカードなどの特定の事業者との関係でのみ利用できる電子マネー，発行しているゲーム内でしか利用できないゲーム内コインなどがあります。自家型の発行者は3月末あるいは9月末において，発行額に対する未使用残高が1,000万円を超えたときは，その未使用残高の2分の1以上の額に相当する額を 供託所（法務局）に供託する必要があります。

●第三者型

　「第三者型」は，発行者に限定せず第三者が運営する店舗やインターネットショップ（加盟店）でより広く利用できる電子マネーです。たとえば，交通系ICカードのSuicaやPASMOは，電車やバスだけでなく，コンビニやスーパー，飲食店など，提携している他の事業者との関係でも利用できます。第三者型発

図表2-14 電子マネーの発行形態

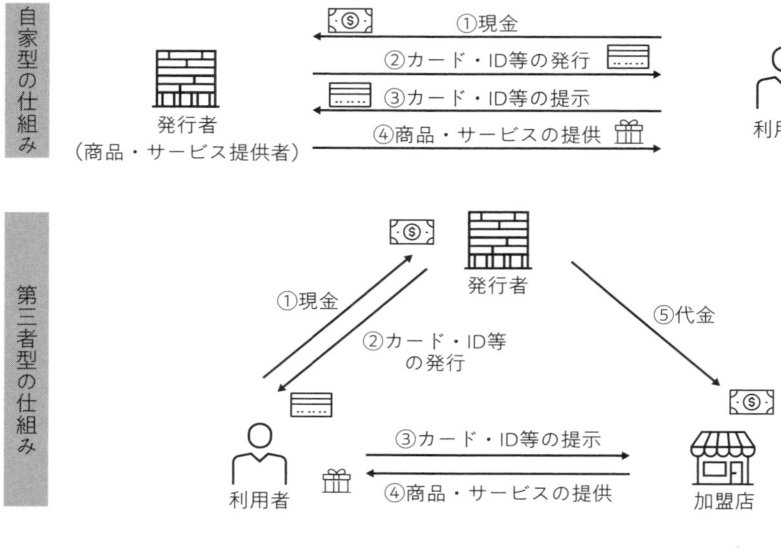

行者は，発行前に財務（支）局長等の登録を受ける必要があります。

▌ビジネスモデルのちがい

　「自家型」のビジネスモデルは，事業者が独自の電子マネーを発行し，事業者独自のポイント制度やキャンペーンと組み合わせて利用者に対するインセンティブを提供することや，ギフトカード等で利用者自身の支払い目的だけでなく贈呈用としての利用用途を提供することによって，顧客の囲い込みや来店・購入頻度アップによる売上増大を図ること，加えて現金オペレーションにかかるコストや待ち時間の削減を図ることが狙いとなります。

　自家型は発行手数料・チャージ手数料等を設定していないものも多いことから，他のキャッシュレス決済手段とは異なり手数料による収益を目的としたビジネスモデルではないことに特徴があります。

　一方で，「第三者型」のビジネスモデルは，基本的にはクレジットカードなどのビジネスモデルと同様の構造となります。アクワイアラーが利用金額を加

図表2-15 第三者型のビジネスモデル

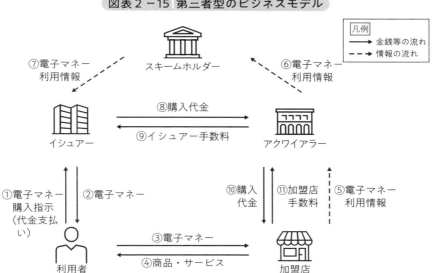

盟店口座へ入金する際，加盟店手数料を引いた金額を入金し，手数料を徴収します。アクワイアラーは加盟店手数料からイシュアーに手数料を支払います。

（2）業界動向

　一般社団法人日本資金決済業協会の発行事業実態調査統計によると，2021年度の電子マネー発行額は22兆円で，過去6カ年ではほぼ横這いの推移となっています。電子マネーの支払手段別では，従来はICチップ型の発行額がサーバー管理型に比べて高かったものの，2021年度に初めてサーバー管理型の発行額がICチップ型を抜きました。サーバー管理型の発行額の市場が拡大した背景には，**POSAカード**（「Point of Sales Activation」の略。Amazonギフト券やiTunesカードなどレジで決済が完了した時点で，初めて有効化されるカード）を陳列したギフトカードモールがコンビニエンスストアやスーパーに設置され，認知度が向上したこと，デジタルコンテンツの需要が増していることなどが挙

図表2-16 電子マネーの発行額の推移

出所：一般社団法人日本資金決済業協会『第24回発行事業実態調査統計（令和3年度版）』
　　　（2022年12月5日）をもとにアビームコンサルティング作成

げられます。

　また，電子マネー発行者数は，年々増加しており，発行形態別でみると「自家型」の発行者数の増加傾向が顕著で，2018年度には「第三者型」の発行者数を上回りました。

　「自家型」の発行者数が増えている背景には，「ハウスプリペイド」を導入する企業が増えていることがあると考えられます。ハウスプリペイドは導入企業にとって，**①決済手数料が他のキャッシュレス決済と比べて安価**，**②チャージ金額によるキャッシュフローの改善**，**③売上の向上**，というメリットがあり，飲食店やスーパー，小売店などで導入が増えています。

　①については，クレジットカードやコード決済を導入するとアクワイアラーや決済代行業者に加盟店手数料を支払う必要があるのに対して，ハウスプリペイドは，自社でインフラを構築できるような大規模な事業者であれば，構築費用を除いて加盟店手数料がかかりません。また，自社でインフラを構築できな

図表2-17　発行形態別の発行者の推移

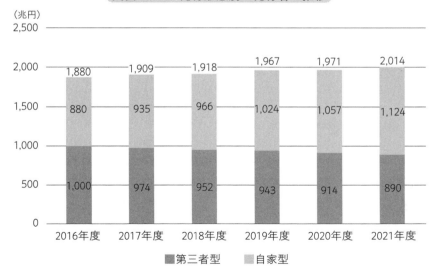

出所：一般社団法人日本資金決済業協会『前払式支払手段の発行額および発行者の推移』
　　　（2023年10月5日）をもとにアビームコンサルティング作成

い事業者でもハウスプリペイドを提供する事業者を利用したサービス導入が可能であり，1％を切るサービス利用料で提供する事業者も存在するなど，他のキャッシュレス手段の**加盟店手数料より安価**に使用できます。

　②については，クレジットカードやコード決済では顧客が利用したあと半月から数カ月後に加盟店へ決済金額が入金されますが，ハウスプリペイドでは顧客が事前に入金をするため，決済に使われる前からキャッシュが入ってくることになり，発行者のキャッシュフローが改善されます。

　③は，ポイントカードなどの会員機能と連携したハウスプリペイド決済データの活用により実現することが期待できます。ハウスプリペイドは利用者の決済データを自社で保有するため，会員機能の顧客情報（性別や年代など）を活用した購買行動の分析ができます。それらのデータを活用した優良顧客の把握や発行者独自のキャンペーン実施，特典付与（ポイント付与など）ができるなど，自由度の高いプロモーションが可能となります。これにより，ロイヤルカスタマーの育成，顧客の囲い込み，顧客単価アップなどを通じた売上向上が期待できます。

　加盟店が電子マネーの導入を検討する際に，特に本業の利益率が高くない業態の場合は，サービス提供事業者への手数料がビジネスに与える影響が大きくなることから，今後も手数料が安価な「ハウスプリペイド決済」を選択する事業者が拡大していくと予想されます。

（3）課題と展望

　利用者保護の観点では，前払式支払手段は用途が商品等購入に限られており，資金決済法上原則として払戻ができないなどの制限のもとに，「犯罪による収益の移転防止に関する法律」による**本人確認義務が課せられていません**。近年では，特にサーバー管理型の電子マネーにおいて，コンビニエンスストアなどで手軽に購入できるという特徴を不正に利用して，他人にコンビニで電子マネーを購入させ，ID番号を盗み取るという詐欺手口（**プリペイドカード詐欺**）が大きな課題となっています。

　足許では電子マネーの発行額が伸び悩んでいる状況ではあるものの，電子マネーを利用・導入する利点として，利用者にとっては他のキャッシュレス決済手段と比べても決済スピードが早く利便性が高いこと，加盟店にとっては特にハウスプリペイドのように決済手数料の削減や本業の売上増大等が期待できることなどのメリットがあります。

　また，SuicaおよびPASMOなどではスマートフォンアプリ化が進んでおり，アプリに登録したクレジットカードから手軽にチャージができるなど，利用者の利便性が向上しています。

　今後，さまざまな電子マネーでチャージ媒体やチャージ方法（オートチャージなど）が拡充される動きが広がり，利用者の利便性が向上していくことが想定されることから，今後も電子マネーは活用されていくことが見込まれます。

④　コード決済

（1）コード決済の仕組みと手数料の流れ

　コード決済とは，コードに書かれたユーザーの情報を読み取り，決済事業者のサーバーに連携してチャージ残高や事前に登録されたクレジットカードなどで支払う決済手段のことです。コードには1次元バーコードと2次元バーコードがありますが，昨今広く利用されているのはQRコードを活用した2次元バーコードです。

▌QRコード決済の仕組み

　QRコード決済の方法は，店舗側が提示したコードを利用者が読み込む**ユーザースキャン方式**（CPM方式）と利用者が自身のスマートフォンの画面にコードを表示し，店舗側の端末で読み込む**ストアスキャン方式**（MPM方式）の2つの方法があります。

　ユーザースキャン方式では，携帯電話通信網で決済事業者に支払い情報が連携されて決済されます。一方，ストアスキャン方式では，QRコードから読み取ったID番号をCAFISなどのネットワークを通じて決済事業者に連携することで決済されます。

　また，利用者の支払い手段は**前払い方式**，**即時払い方式**，**後払い方式**の3つの方法があります。前払い方式は，あらかじめ銀行口座やクレジットカード，ATMなどから自身の決済アプリに利用金額をチャージし，チャージした残高の中で決済される方式です。即時払い方式は，あらかじめ決済アプリに連携しておいた銀行口座の残高からQRコード決済で利用する金額がリアルタイムで引き落とされる方式です。最後に後払い方式は，決済アプリにクレジットカード情報を登録しておき，後日利用金額が決済される方式です。

▎QRコード決済の手数料体系

　QRコード決済で発生する手数料は，加盟店が決済事業者に支払う**決済手数料**と利用者がアプリ入金する際に発生する**入金手数料**（クレジットカード銘柄，指定金融機関口座連携などによっては無償）があります。加盟店サイドから見ると，初期費用や決済手数料が安価な決済サービスとなっており，2022年10月までは多くの決済事業者で，加盟店の決済手数料無料キャンペーンが実施されていました。

（2）業界動向

　国内のQRコード決済は，2014年に「LINE Pay」がサービスを開始し，決済手数料無償サービスを展開するものの，加盟店が増えず，主要なキャッシュレス決済サービスになれずにいましたが，2018年10月にサービスを開始したPayPayが同年12月から利用者に購入金額の20％を上限なしでキャッシュバックする「100億円あげちゃうキャンペーン」を展開したことで加速度的に認知されるに至りました。

　実際にキャンペーン開始以降の2019年からQRコード決済の利用金額は右肩

図表2－18 QRコード決済の仕組み（ストアスキャン方式）

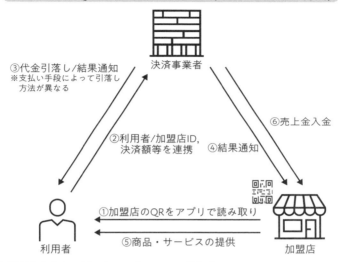

③代金引落し/結果通知
※支払い手段によって引落し
　方法が異なる

②利用者/加盟店ID,
決済額等を連携

④結果通知

⑥売上金入金

①加盟店のQRをアプリで読み取り

⑤商品・サービスの提供

決済事業者

利用者

加盟店

出所：公知情報をもとにアビームコンサルティング作成

図表2－19 QRコード決済の仕組み（ユーザースキャン方式）

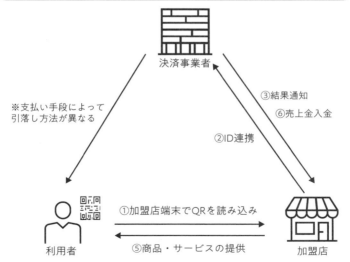

※支払い手段によって
引落し方法が異なる

③結果通知
⑥売上金入金

②ID連携

①加盟店端末でQRを読み込み

⑤商品・サービスの提供

決済事業者

利用者

加盟店

出所：公知情報をもとにアビームコンサルティング作成

上がりに上昇しています。昨今では公共料金の支払いサービスが追加されるなど利用シーンの拡大などにより，2022年には年間利用額が10兆円を超え，アクティブユーザーも6,000万人（延べ数）を超えるなどQRコード決済の利用は確実に広がっています。

　一方で，利用者を増やすために大規模な消費者還元に加えて加盟店手数料無償サービスを展開したことで，決済事業者側の負担が大きくなっています。実際に2020年1月にはQRコード決済を主たるビジネスとしていたOrigami Payが1株1円でメルペイに買収されるという事実上の破綻が発生するなど，本業で強固な経営基盤を有していない企業の参入は難しい状況になっています。

　そうした状況の中で2019年10月にはメガバンクが中心となり全国金融機関が参加する日本電子決済推進機構（JEPPO）が，決済サービス「Bank Pay」の取扱いを開始しました。JEPPOはJ-Debitの運営団体であり，「Bank Pay」もJ-Debitの仕組みを活用した決済サービスになっていることから，各金融機関は安価な導入コストで利用することができ，結果として決済手数料1%台という既存サービスよりも安価なサービス提供を実現しています。

　QRコード決済サービスを提供する事業者は利用者・加盟店獲得のためにさまざまなキャンペーンを実施し，薄利多売な状況が続いてきましたが，相応に利用者・加盟店獲得に至ったことから，現況の改善に向けて今後決済手数料の徴求が進むことが想定されます。

（3）課題と展望

　QRコード決済は，利用者の増加に伴い不正利用も増えており，2019年にはセブン・ペイにおいてサービス開始2日後に他人のクレジットカードを紐付け登録する不正利用が多発し，サービス終了を余儀なくされる事態が発生しています。そうした状況を受けて，キャッシュレス推進協議会も，クレジットカード，銀行口座の不正紐付けに対するガイドラインを制定しています。しかしながら，QRコードを不正にスキャンされてしまう，偽のQRコードを読み込んで決済を完了してしまうといった不正も発生しており，よりいっそうの不正対策

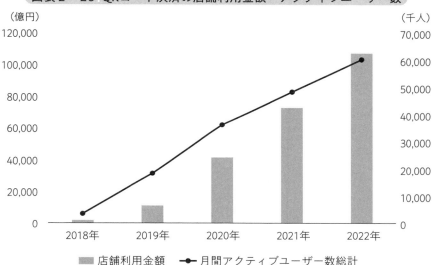

図表 2-20 QRコード決済の店舗利用金額・アクティブユーザー数

出所：一般社団法人キャッシュレス推進協議会のデータをもとにアビームコンサルティング作成

が求められます。

　QRコード決済は，消費者還元キャンペーンや決済手数料の無償化キャンペーンによって利用を拡大してきた背景がありますが，キャッシュレス決済手段としての利便性は高くありません。電子マネーの非接触IC決済であればリーダーにかざすだけで決済ができることに対して，QRコードはスマートフォンのアプリを立ち上げ，QRコードを表示し読み取らせるか，店舗のQRコードを読み取る手間がかかります。

　事実，QRコード決済利用のアクティブユーザーがキャンペーンの前後で大きく変動していることも確認されています。電子マネーでは対応できていない公共料金の支払いなど利用シーン拡大による利便性向上などを図っていますが，決済手数料の徴求，キャンペーンの縮小フェーズになった時に，アクティブユーザーを維持・拡大するためによりいっそうの対応が求められます。

⑤ 振込・口座振替

（1）仕組みとビジネスモデル

　振込とは，手形や小切手などと同様に現金以外の送金方法である為替の一種であり，支払側を起点として，同一銀行内のみならず他の銀行も含む預金口座宛に資金を送金することを指します。一方，口座振替とは，公共料金やクレジットカードの支払い代金などのように，受取側を起点として，事業者の指示に基づく金額を預金者の口座から引き落とし，事業者の口座に入金するサービスのことを指します。

　振込のうち他行宛の場合，振込依頼人からの振込依頼を受けて，仕向金融機関（資金を送る側の金融機関）から全国銀行データ通信システム（全銀システム）を介して被仕向金融機関（資金を受け取る側の金融機関）に振込指図が行われ，受取人口座に資金が入金されます。金融機関間の資金決済は，全銀システムからの決済情報をもとに日本銀行にて行われます（**図表2－21**）。

　口座振替は，事業者が個々の金融機関と直接契約することで大量かつ短期間のデータ処理に向く方法と，収納代行業者を介することで，引き落としから入金までの期間はかかるものの複数の金融機関向けの口座振替を一括して契約・依頼できる方法と，2通りあります。収納代行業者を介する場合，振替依頼人（預金者）が事業者に提出した口座振替依頼書が，収納代行業者を介して料金を引き落とす金融機関に提出され，引き落とし口座が登録されます。振替依頼人が購買・利用した商品・サービスに対する料金は，自動的に口座から引き落とされ，収納代行業者を介して事業者に送金されます（**図表2－22**）。

　振込の金流は，振込依頼人が振込時に仕向金融機関に対して振込手数料を支払うことになり，金融機関においては振込手数料が収益の源泉となります。金融機関は，全銀システムの利用に際して加入金（全銀システムへの新規加盟時に必要な資金）を納付する必要があるほか，個別取引ごとに手数料等を負担し

図表 2−21　銀行間振込の仕組み

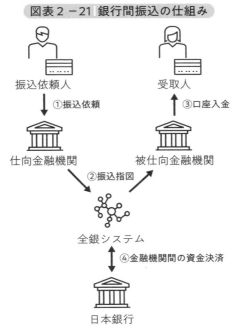

出所：一般社団法人全国銀行資金決済ネットワークウェブサイト，経済産業省『キャッシュレス関連用語集』（2019年6月）等をもとにアビームコンサルティング作成

図表 2−22　口座振替の仕組み

①口座振替依頼書
②口座振替依頼書
④商品・サービス
⑦料金の送金
振替依頼人
事業者
収納代行業者
⑥料金の送金
⑤料金の口座引き落とし
③口座振替依頼書
金融機関

出所：各金融機関ウェブサイト等をもとにアビームコンサルティング作成

ており，仕向金融機関は被仕向金融機関に対して被仕向処理にかかるコスト等に相当する内国為替制度運営費（旧・銀行間手数料）を支払います。

　一方，口座振替の場合，振替依頼人が手数料を負担することは基本的にありません。事業者にとって，口座振替を利用することで料金未払いリスクの低減や料金回収コストの削減，利用者（振替依頼人）の商品・サービス継続利用率の向上といったメリットが見込めるため，口座振替にかかる手数料は基本的に事業者が負担しています。

（2）業界動向

　全銀システムが稼働開始した1973年以降，銀行間振込による決済量を示す全銀システムの国内為替取扱高は，国内経済の発展に伴う資金決済需要の高まりなどを受けて，金額・件数ともに拡大を続けています（図表2−23）。同一銀行の本支店間振込を含めた全体としても，増加傾向にあります。2018年10月には，従来の平日日中の為替取引に対応する**コアタイムシステム**に加えて，平日夜間および土日祝日の為替取引に対応する**モアタイムシステム**の稼働が開始され，原則24時間365日，他行間であっても振込を行うことが可能となりました。

　振込の利用手段は，かつては金融機関の窓口が主流でしたが，1990年代後半からの情報通信技術の進展などに伴い，ATMやインターネットバンキング，テレホンバンキング，アプリなどの利用が拡大し，さらにスマートフォンの普及やコロナ禍を経て，現在はインターネットバンキングやアプリによる利用が大部分を占めています。

　振込・口座振替は，送金の主要手段として利用されてきましたが，主に他行宛の振込にかかる手数料負担の大きさや，銀行等の預金取扱金融機関以外のさまざまな事業者が送金ビジネスに参入し，多様化が進む状況への対応などが課題とされてきました。

　こうしたなか，2020年4月には公正取引委員会から，全銀ネットのガバナンスや銀行間手数料に係る取引慣行の見直しに言及する報告書が発表され，2020年7月には政府が閣議決定した成長戦略実行計画において，全銀システムにお

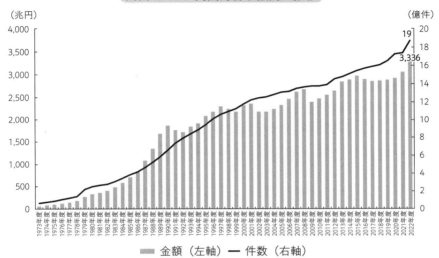

図表2－23　内国為替取扱高の推移

出所：一般社団法人全国銀行協会『決済統計年報』，『全銀システムによる内国為替取扱高の推移』をもとにアビームコンサルティング作成

ける銀行間手数料の引下げや，多頻度小口決済を想定した低コストの新しい資金決済システムの構築，キャッシュレス決済事業者などによる全銀システムへの参加について言及されました。

　この流れを受けて，2021年10月には全銀システムにおける銀行間手数料の見直しが実施され，これまで振込金額が3万円未満の場合は117円，3万円以上の場合は162円支払われていた銀行間手数料は，内国為替制度運営費に改定され一律62円に引き下げられるとともに，コスト構造の公開や5年毎の見直しが図られることとなりました。これにより，多くの銀行において他行宛振込手数料が引き下げられました。

　2022年10月には，少額送金に対するニーズに応えた「ことら」送金サービスの提供が開始されました。「ことら」は，スマートフォンを通じた個人間の少額送金サービスで，利用者は口座番号以外にもメールアドレスや電話番号を用いて手数料無料で10万円までの送金をすることが可能であり，異なる事業者や

銀行のアプリ間の送金も可能であることが特徴です（図表2−24）。

　「ことら」は，すでに多数の金融機関が接続しているJ-Debitの基盤を利用することで，構築コストや事業者の接続コストの抑制に繋げており，利用者の手数料は無料としながらも，**金融機関や事業者から安価な利用料を徴収すること**で金流が成立しています。金融機関にとっては，これまで現金でやり取りされていた少額の支払いなどが「ことら」により代替されることで，**現金取り扱いにかかるコストの削減**などが期待されます。利用者にとっては，一層の利便性向上に向け，多くが同一アプリ内の送金に留まるキャッシュレス決済事業者のさらなる参画が望まれます。

図表2−24　「ことら」送金サービスの仕組み

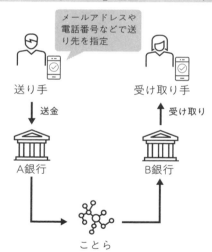

出所：株式会社ことらウェブサイト等をもとにアビームコンサルティング作成

　また，2022年10月，これまで銀行等の預金取扱金融機関に限定していた全銀システムの参加資格が，**資金移動業者へ拡大**されました。参加資格拡大により，銀行口座から資金移動業者のアカウントへの送金や，資金移動業者のアカウン

トから銀行口座への送金，および異なる資金移動業者のアカウント同士の送金が可能となりました。全銀システムへの参加にあたっては，参加形態によっては日本銀行の審査を経て当座預金口座を開設する必要があるほか，加入金の納付やシステム開発，および金融庁などによる継続的なモニタリングへの対応など，所定の対応が必要となります。

（3）課題と展望

送金方法が多様化するなか，振込・口座振替は，**金額帯や利用手段による棲み分け**が今後進んでいくことが考えられます。

金額帯の観点では，少額帯においては「ことら」をはじめとする手数料無料の少額送金サービスの普及により，振込が代替されていく可能性が考えられます。一方で，高額帯においては新たな付加価値を利用者に提供する送金サービスが今後登場してこない限り，振込・口座振替に対する一定の需要が引き続き見込まれます。

また，利用手段の観点では，近年アプリを中心に利便性の高い送金手法が拡大していますが，高額送金や高齢者等，安心感のある対面取引へのニーズは今後も一定数あると想定されます。金融機関には，店頭窓口振込等の機能維持が引き続き求められ，そのためのコスト負担も課題として考えられます。

振込・口座振替は，必ずしも新たな送金手法と競合したり，すべて代替されたりするものではなく，新たな送金手法と共存しつつ，振込・口座振替ならではの機能や特長を活用したい事業者や利用者のニーズに応えていくものと考えられます。

6　法規制とセキュリティ

（1）キャッシュレス決済の商品・サービス別法規制

　キャッシュレス決済サービスが適切に機能するためには，①確実な決済，②前払い・即時払いサービスにおける利用者資金の確保，③後払いサービスにおける過剰与信の防止，④第三者による不正利用の防止・救済，⑤悪質加盟店等による被害の防止・救済，⑥個人情報保護，⑦マネー・ロンダリングの防止等の課題への対応が必要になります。

　これらの課題に対応するために，キャッシュレス決済サービスは，前払い，即時払い，後払いの支払方法ごとの特性に応じて，「**割賦販売法**」，「**銀行法**」，「**資金決済に関する法律**」（**資金決済法**）の3つの法制度によって主に規制されています（図表2－25）。

図表2－25　キャッシュレス決済サービスと適用される法規制

支払方法		主なキャッシュレス決済サービス	法律	所管官庁
前払い	前払式支払手段	電子マネー（プリペイド式）	資金決済法	金融庁
即時払い	銀行振込等	デビットカード	銀行法	
		振込		
	資金移動	QRコード	資金決済法	
後払い	信用購入あっせん等	クレジットカード	割賦販売法	経済産業省

出所：坂勇一郎「【知っておきたい資金決済法】第1回　決済法制と資金決済法の概要」『国民生活』2021年2月号（No.102）等をもとにアビームコンサルティング作成

　なお，複数の決済サービスを組み合わせたキャッシュレス決済サービスには，それぞれ該当する部分を規制する法制度が適用されることに留意する必要があります。たとえば，前払い式の電子マネーに対して，後払い式のクレジット

カード払いにより残高をチャージする場合，電子マネー部分には資金決済法が適用され，クレジットカード部分には割賦販売法が適用されます。

▌割賦販売法

　割賦販売法は，割賦販売等にかかる取引の公正の確保や，購入者等が受けることのある損害の防止，およびクレジットカード番号等の適切な管理に必要な措置を講じることにより，割賦販売等にかかる取引の健全な発達や購入者等の利益の保護，商品等の流通および役務の提供の円滑化を図ることで，国民経済の発展に寄与することを目的として1961年に制定された，経済産業省が所管する法律です。割賦販売法では，割賦販売やローン提携販売，信用購入あっせん等が規制されていますが，なかでも信用購入あっせんとして，クレジットカード決済が規制されています。

　クレジットカードのイシュアーには，包括信用購入あっせん業者として，①取引条件等に関する情報提供義務や，②包括支払可能見込額（利用者が，自己の居住用の住宅等を売却したり担保に入れたりせず，かつ生活維持費をその支払いに充てることなく，支払いに充てることが可能と見込まれる１年間あたりの額）の調査義務およびこれを超える与信の禁止，③契約の解除や損害賠償額等に関する制限，④利用者からの支払停止抗弁への対応，といった規制が適用されます。

　また，基本的にアクワイアラーや決済代行業者は，クレジットカード番号等取扱契約締結事業者として，加盟店調査義務（悪質加盟店の是正・排除や不正利用防止のための調査を行う義務）を負う一方，加盟店には，カード利用時の利用者に対する情報提供義務や不正利用防止義務等の規制が適用されます。

　加えて，イシュアー，アクワイアラー，決済代行業者，加盟店のいずれに対しても，クレジットカード番号等取扱業者として，クレジットカード番号等を適切に管理する義務が課されています（図表２−26）。

図表2-26　割賦販売法におけるクレジットカード決済に対する主な規制内容

適用対象	主な規制内容
イシュアー	・取引条件等に関する情報提供義務 ・包括支払可能見込額の調査義務およびこれを超える与信の禁止 ・契約の解除や損害賠償額等に関する制限 ・利用者からの支払停止抗弁への対応 ・クレジットカード番号等の適切な管理義務
アクワイアラー	・加盟店調査義務
決済代行業者	・クレジットカード番号等の適切な管理義務
加盟店	・カード利用時の利用者に対する情報提供義務 ・不正利用防止義務 ・クレジットカード番号等の適切な管理義務

出所：経済産業省「割賦販売法」等をもとにアビームコンサルティング作成

銀行法

　銀行法は，銀行業務の公共性に鑑み，信用維持や預金者保護，および金融の円滑化を図るため，銀行の健全かつ適切な運営を期し，国民経済の健全な発展に資することを目的として，1981年に旧法である銀行法を全改正する形で制定された，金融庁が所管する法律です。

　銀行法では，預金等の受入と資金の貸付，または為替取引のいずれかを行うことを銀行業と定めており，それらを営むためには銀行業の免許が必要とされています。そのため，振込や口座振替を取り扱う金融機関は，銀行法の適用を受けています。加えて，利用と同時に預金口座から引落しが行われる仕組みであるデビットカード決済においても預金口座が必要となるため，デビットカードを発行する金融機関も基本的には銀行業の免許が必要となります。一部のブランドデビットカードにおいては，後述する資金決済法上の資金移動業の登録を活用しているケースもあります。

資金決済法

　資金決済法は，近年の情報通信技術の発達や利用者ニーズの多様化等の資金

決済システムを巡る環境の変化に対応して，2010年に施行された，金融庁が所管する法律です。資金決済法では，前払式支払手段や資金移動業，暗号資産交換業等について規定されています。

前払式支払手段は，発行者が運営する店舗のみで利用できる自家型と，発行者以外が運営する店舗でも利用できる第三者型の2種類に分類され，資金決済法では，自家型発行者のうち財務（支）局長等への届出を行っている届出業者，および第三者型発行者として財務（支）局長等の登録を受けている登録業者を規制対象としています。財務（支）局長等への届出を行っていない自家型発行者については，規制対象外となっています。

前払式支払手段発行者に対しては，利用者保護の観点から，基準日（3月末および9月末）時点の未使用残高が1,000万円を超える場合には，未使用残高の2分の1以上の額の発行保証金を供託することが義務付けられているほか，利用者に対する情報提供義務や情報の安全管理義務等が課せられています。また，前払式支払手段は，利用者への払戻しが原則として禁止されています。

資金移動業は，銀行等以外の事業者が為替取引を業として行うこととして定められており，資金移動業者は，取り扱い可能な送金額等に応じて第一種資金移動業者，第二種資金移動業者，第三種資金移動業者の3つに区分されています（**図表2－27**）。

また，2017年に施行された改正資金決済法において，**暗号資産交換業**（制定当初の名称は仮想通貨交換業）という制度が創設され，暗号資産の売買・交換等を行う暗号資産交換業者に対して，利用者資産の分別管理義務や，利用者に対する情報提供義務，利用者保護措置，広告・勧誘規制等の規制が設けられました。

その後，暗号資産交換業者が顧客から預かっていた暗号資産が流出する事案が複数発生したことや，暗号資産が投機対象とされることが増えてきたこと等を受けて，2020年に施行された改正資金決済法では，業務の円滑な遂行等のために必要なものを除き，顧客の暗号資産を**信頼性の高い方法で管理**することや，取り扱う**暗号資産を変更する際の事前届出**等が義務付けられたほか，**風説の流**

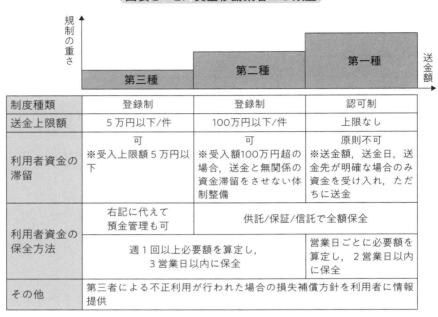

図表2-27 資金移動業者の3類型

制度種類	登録制	登録制	認可制
送金上限額	5万円以下/件	100万円以下/件	上限なし
利用者資金の滞留	可 ※受入上限額5万円以下	可 ※受入額100万円超の場合，送金と無関係の資金滞留をさせない体制整備	原則不可 ※送金額，送金日，送金先が明確な場合のみ資金を受け入れ，ただちに送金
利用者資金の保全方法	右記に代えて 預金管理も可	供託/保証/信託で全額保全	
	週1回以上必要額を算定し， 3営業日以内に保全		営業日ごとに必要額を算定し，2営業日以内に保全
その他	第三者による不正利用が行われた場合の損失補償方針を利用者に情報提供		

出所：金融庁「資金決済に関する法律」（資金決済法）等をもとにアビームコンサルティング作成

布・価格操作等の不公正な行為が禁止される等，暗号資産交換業者に対する規制が強化されています。

（2）キャッシュレス決済の横断的な法規制

　キャッシュレス決済サービスを規制する法制度には，支払方法や決済サービスに応じて個別に対応が必要な「割賦販売法」や「銀行法」，「資金決済法」のほかに，横断的に対応が必要な法制度として，「犯罪による収益の移転防止に関する法律」（犯罪収益移転防止法）や「個人情報の保護に関する法律」（個人情報保護法），「不当景品類及び不当表示防止法」（景品表示法）などが存在します。

▌犯罪収益移転防止法

　犯罪収益移転防止法は，金融機関等の取引時確認や取引記録等の保存，疑わしい取引の届出義務など，マネー・ロンダリングおよびテロ資金供与対策のための規制を定めるべく，2007年に制定された法律です。

　犯罪収益移転防止法では，対象となる事業者（特定事業者）や業務（特定業務）の範囲を定め，規制対象としています。キャッシュレス決済に関連する範囲では，銀行やクレジットカード発行業者，資金移動業者，暗号資産交換業者等が特定事業者として指定されており，**①取引時確認**や，**②取引時確認記録の作成・保存**，**③取引記録の作成・保存**，**④疑わしい取引の届出等の義務**が課されています。

▌個人情報保護法

　個人情報保護法は，個人情報の有用性に配慮しつつ，個人の権利や利益を保護することを目的として，2003年に制定された法律です。

　個人情報を取り扱うすべての事業者は，個人情報保護法における個人情報取扱事業者として，**①顧客等の個人情報の利用目的の制限**，**②不適正利用の禁止**，**③不正取得の禁止**，**④同意のない要配慮個人情報の取得の禁止**，**⑤個人データについての安全管理措置義務**，**⑥従業者の監督義務**，**⑦委託先の監督義務**，**⑧同意のない第三者提供の禁止等の義務**を負います。

　加えて，前払式支払手段発行者や資金移動業者のように，金融庁所管の事業を行っている場合は，「**金融分野個人情報保護ガイドライン**」[7]の適用を受けます。同ガイドラインでは，①与信事業に際して個人情報を取得する場合には，**利用目的の同意について他の契約条項等と明確に分離して記載して取得する**こと，②個人情報を個人信用情報機関に提供する場合には**目的に明示**すること，③同意は原則として**書面（電磁的方法を含む）により取得**すること，④機微情

7　個人情報保護委員会・金融庁『金融分野における個人情報保護に関するガイドライン』2024年3月
　https://www.fsa.go.jp/common/law/kj-hogo-2/index.html

報の**取得・利用・第三者提供の原則禁止**等が定められています。

　他方，信用購入あっせん業者のように，経済産業省所管の事業を行っている場合には，「**信用分野個人情報保護ガイドライン**」[8]の適用を受けます。同ガイドラインの内容は金融分野個人情報保護ガイドラインと類似する部分が多いものの，たとえば，本人確認等のために個人情報を取得する場合には，機微情報の取得・利用・第三者提供が明示的に認められているなどの違いがあります。

▋景品表示法

　景品表示法は，過大な景品類を提供することや，商品・サービスの品質，内容，価格等を偽って表示することを規制することにより，消費者が自主的かつ合理的に商品・サービスの選択を行える環境を確保し，消費者の利益を保護することを目的として，1962年に制定された法律です。

　景品表示法上の景品類とは，①顧客を誘引するための手段として，②事業者が自己の供給する商品・サービスの取引に付随して提供する，③物品，金銭その他の経済上の利益のことを指し，キャッシュレス決済においては，利用者に利用を促す手段として**サービス利用時に付与する自社の電子マネーやポイント**等が該当します。

　景品表示法が規制する景品類は，サービス利用者にもれなく提供する総付景品と，くじや抽選によって景品を提供する懸賞に分類され，それぞれ提供できる景品類の限度額等が定められています。

　総付景品の限度額は，取引価額が1,000円未満の場合は200円，1,000円以上の場合は取引価額の20%とされています。また，懸賞のうち，複数の事業者が参加して行う共同懸賞の限度額は，**取引価額にかかわらず30万円**，かつ総額は**売上予定総額の30%**までとされています。

　他方，共同懸賞以外の一般懸賞の限度額は，取引価額が5,000円未満の場合

8　個人情報保護委員会・経済産業省『信用分野における個人情報保護に関するガイドライン』2024年3月
　https://www.meti.go.jp/policy/economy/consumer/credit/index.html

は取引価額の20倍，5,000円以上の場合は10万円，かつ総額は売上予定総額の2％までとされています。キャッシュレス決済サービスを提供する事業者においては，サービス利用に対するインセンティブとして景品付与等を検討する場合，これらの規制に留意する必要があります。

（3）不正利用拡大とセキュリティ対策

▌不正利用の拡大

　日本では，キャッシュレス決済が拡大するなか，サイバー攻撃やフィッシング被害の増加等を背景に，不正利用が拡大しています。主要なキャッシュレス決済サービスであるクレジットカードの不正利用被害額は，近年増加傾向にあり，2022年には過去最高となる約436億円に達しました。このうち，**クレジットカード番号等の盗用による被害額が約94％**を占めており，非対面取引におけるクレジットカード番号等のなりすましによる不正利用が主な要因となっています（**図表2-28**）。

　これらの不正利用の対象となっているクレジットカード番号等は，EC（電子商取引）加盟店をはじめとしたクレジットカード決済網に存在する事業者からの漏えいだけでなく，EC加盟店のクレジットカード決済処理の仕組みを悪用してクレジットカード番号等を割り出す**クレジットマスター**や，電子メール・SMS（ショート・メッセージ・サービス）等を通じて利用者からクレジットカード番号等を騙しとる**フィッシング**により詐取されていると想定されています。

　また，コード決済においても，他人になりすまして預金口座やクレジットカードからチャージを行ったり，番号盗用したクレジットカードをアカウントに連携させたりすることで，不正利用される事案が複数発生しています。

▌セキュリティ対策の強化

　不正利用の拡大が進むなか，クレジットカードやコード決済等を含めたそれぞれの決済サービスに関連する法規制やガイドラインの整備により規制が強化

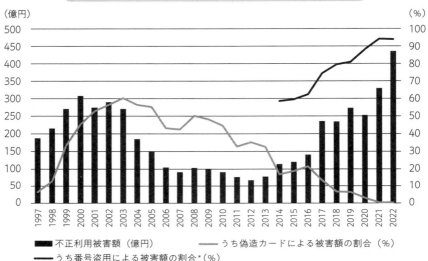

図表2−28 クレジットカード不正利用被害額の推移

＊公開されている2014年以降の数値のみを集計
出所：一般社団法人日本クレジット協会『クレジットカード不正利用被害額の発生状況』
　　　（2023年12月）をもとにアビームコンサルティング作成

されるとともに，セキュリティ対策の強化が進められてきました。

　かつて，クレジットカードの情報記憶媒体には主に磁気ストライプが採用されていましたが，磁気ストライプは情報記憶容量が小さいため，現在採用されているICチップとは違い，データを複雑に暗号化して格納することができませんでした。このため，複製が容易で，特殊なリーダーで不正にカード情報を盗み出し，カードを偽造して不正利用する**スキミング犯罪**の標的となっていました。1990年代後半以降，スキミング犯罪が多発し社会問題化するなか，2001年の刑法改正によりスキミング行為が処罰の対象として新たに追加され，また警察の取り締まりが強化されたこと等もあり，2000年代に入ってクレジットカードの不正利用被害額は一旦減少に転じました。

　しかし，クレジットカードの不正利用被害額は，2010年代半ばから再び増加傾向にあります。これは**番号盗用**による不正利用が急激に増加したためで，そ

の背景としてインターネットの普及に伴うEC利用の拡大等が挙げられます。物理カードが利用できないECでは，クレジットカード決済は加盟店の決済画面でカード番号やパスワード等を入力して行われます。これらの情報を不正に入手し，EC等の非対面取引において本人になりすまして使用するのが，番号盗用による不正利用の典型的な手口です。

　技術革新に伴って不正利用の手口も高度化・巧妙化することから，政府と関係業界はこれまでも連携しながら不正利用対策に取り組んできました。クレジットカード決済に関係する事業者から構成されるクレジット取引セキュリティ対策協議会は，セキュリティの向上を実現するための重点的な取組みをまとめた「クレジットカード取引におけるセキュリティ対策の強化に向けた実行計画」（実行計画）[9]を2016年に策定し，毎年改定しています。

　2018年6月の改正割賦販売法の施行にあわせて改定された「実行計画2019」では，非対面取引における認証強化のための方策が提示されました。その1つとして，国際ブランドが提供する「3Dセキュア」があります。3Dセキュアとは，カード会員がカード会社にあらかじめパスワードを登録しておくと，EC事業者のサイトでカード決済を行う際にカード会社の認証画面に遷移し，そこでパスワードを入力して本人確認を行う仕組みです。カードの認証情報がEC事業者のサーバーからは完全に切り離されて管理されることから，カード番号や有効期限，セキュリティコードといったカード券面記載情報のみの入力と比べて安全性が高まります。足許では，リスクベース認証の採用などさらに安全性と利便性を高めた新バージョンの「3Dセキュア2.0（EMV　3Dセキュア）」に移行が進んでいます。

　また，近年はスマートフォンのSMSを活用した2段階認証の導入も進んでいます。2段階認証とは，EC事業者のサイトで決済する過程で，登録した携帯電話番号にSMSでワンタイムパスワード等の追加的な認証情報を送信し，受信した利用者がこの認証情報をECサイトで入力するなど，認証の段階を2

9　一般社団法人日本クレジット協会　クレジット取引セキュリティ対策協議会「関連資料」
https://www.j-credit.or.jp/security/document/index.html

度設けた本人確認方法です。

　加えて，**生体認証**の活用に向けた動きも見られます。生体認証とは，指紋認証や顔認証のように，個人によって異なる身体的特徴を使って本人確認を行う認証方式です。

　これら複数の要素を組み合わせた「多要素認証」や，不正検知システムの導入など，不正への対策が進められています。

　経済産業省もEC加盟店や事業者に向けてさらなるセキュリティ対策強化策を公表しており，3Dセキュア2.0の導入や，ワンタイムパスワード・生体認証等による適切な本人認証の仕組み導入を2024年度末までとするなど，不正の増加を背景に，踏み込んだものとなっています[10]。

　今後もキャッシュレス決済の拡大が期待されるなか，各決済サービスが適切に機能し，利用者が安全に利用できるよう，利便性と安全性の両立を図りつつ，関連する法規制の整備やセキュリティ対策の強化を行っていくことが求められます。

10　経済産業省『クレジットカード決済システムのセキュリティ対策強化検討会報告書』（2023年1月20日）
　　https://www.meti.go.jp/shingikai/mono_info_service/credit_card_payment/20230120_report.html

第3章
キャッシュレス決済ビジネスへの参入

1　キャッシュレス決済ビジネスのポジション

前章では，それぞれのキャッシュレス決済の仕組みやビジネスモデルなどを解説してきました。本章は，決済の仕組みの中で，どのポジションに・どういった企業が・何を目的として参入しているのか，を具体的な事例を用いながら説明します。

クレジットカード

クレジットカードの仕組みにかかわるポジションは，①国際ブランド，②アクワイアラー，③イシュアー，④決済代行事業者，⑤加盟店，⑥カード利用者です。それぞれのポジションに参入しているプレイヤーは，国際ブランドの場合，国際的に使用できる決済システムを提供するクレジットカード会社であるVisa，Mastercard，JCB，American Express，Diners Club Internationalなどです。

アクワイアラーは，国際カードブランドと加盟店を取り次ぐ会社を指し，株式会社クレディセゾン，株式会社ジェーシービーなどが当てはまります。

イシュアーは，国際カードブランドと利用者を取り次ぐ役割を担い，三菱UFJニコス株式会社，楽天カード株式会社などが該当します。

　アクワイアラーとイシュアーを兼ねる会社も多くあります。決済代行事業者は，加盟店とサービス提供事業者の間に入り，審査，契約の手続き，売上入金管理，データの管理などキャッシュレス決済手段にかかわる各種サービスを提供する事業者であり，SBペイメントサービス株式会社やGMOペイメントゲートウェイ株式会社などが該当します。

　加盟店は利用者がクレジットカードを実際に利用する一般商店やレストラン，ネットショッピングなどを指します。

図表3-1　クレジットカードの仕組みとポジション

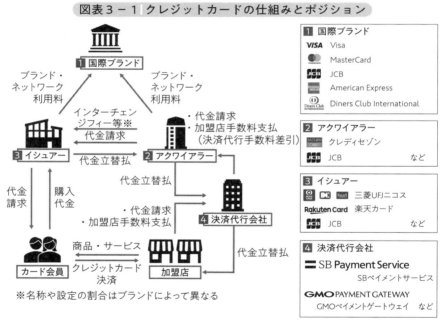

出所：経済産業省（2018）『キャッシュレス社会への取組み』，各種公開情報をもとにアビームコンサルティング作成

▌デビットカード

　デビットカードはJ-Debitと国際ブランドデビットカードの2種類がありま
す。

　J-Debitの仕組みにかかわるポジションは，①**発行金融機関**，②**加盟店金融
機関**，③**加盟店**，④**カード利用者**です。カード発行銀行は実際にカードを発行
する銀行を指し，加盟店銀行は，J-Debitのサービスに加盟する加盟店が保有
する銀行口座を指します。加盟店はクレジットカード同様，利用者がデビット
カードを実際に利用する一般商店やレストラン，ネットショッピングなどを指
し，J-Debitのサービス契約を結んでいます。

図表3-2　J-Debitの参入プレイヤー

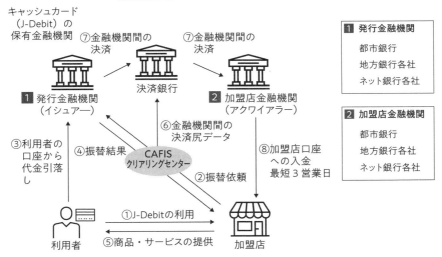

出所：三菱UFJニコス株式会社 "事業者・加盟店のお客さま" 「J-Debitのお取り扱いサービ
　　　スの仕組み」（参照2023-06-28）をもとにアビームコンサルティング作成

図表3－3　ブランドデビットカードの仕組みとポジション

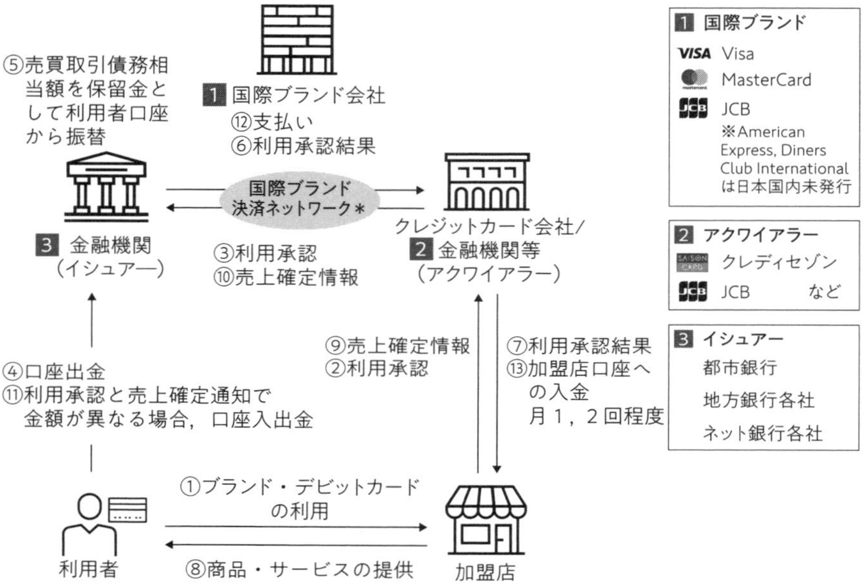

出所：経済産業省『キャッシュレス決済の普及に向けた取組について』（2023年2月），各種
公開情報をもとにアビームコンサルティング作成

国際ブランドデビットカード

　国際ブランドデビットカードの仕組みにかかわるポジションは，①**国際ブランド**，②**アクワイアラー**，③**イシュアー**，④**加盟店**，⑤**カード利用者**です。参加しているプレイヤーはクレジットカードと似ていますが，イシュアーが銀行に限られている点が相違しています。

電子マネー

　電子マネーには，複数の仕組みが存在します。ここではICプリペイドカード型について述べます。

　ICプリペイドカード型の仕組みにかかわるポジションは，①**スキームホルダー兼イシュアー**，②**アクワイアラー**，③**加盟店**，④**電子マネー利用者**があり

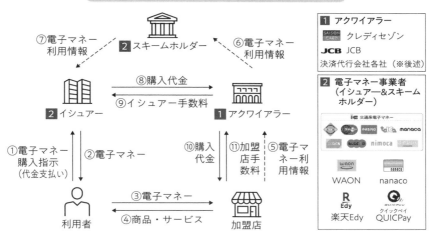

図表3－4　電子マネーの仕組みとポジション

出所：経済産業省『「キャッシュレス決済の中小店舗への更なる普及促進に向けた環境整備
　　　検討会」第四回資料』（2020年11月17日），各種公開情報をもとにアビームコンサル
　　　ティング作成

ます。スキームホルダー兼イシュアーは，電子マネーの運営主体であるブラン
ド会社であり，プリペイドカードやモバイル電子マネー発行者を指します。流
通系電子マネーではスーパーやコンビニなどの流通業者や流通業者傘下のカー
ド会社，交通系電子マネーでは各鉄道会社などが発行しています。具体的には，
Suicaを発行する東日本旅客鉄道株式会社（以下，「JR東日本」と表記）や
WAONの発行体であるイオン株式会社（以下，「イオン」と表記）などが該当
します。アクワイアラーは，加盟店と電子マネー事業者を結ぶ役割を担い，加
盟店は各種電子マネーを導入しているお店を指し，クレジットカードの加盟店
と類似しています。

コード決済

　コード決済の仕組みにかかわるポジションは，①決済事業者，②加盟店③
コード決済利用者で構成されています。コード決済では，コード決済事業者が
スキームホルダーに加え，イシュアーとアクワイアラーの役割まで担っており，

PayPayやLINE Pay，楽天ペイなどが該当します。加盟店はクレジットカード同様，利用者がコード決済を実際に利用する一般商店やレストラン，ネットショッピングなどを指します。

図表3－5 コード決済の仕組みとポジション

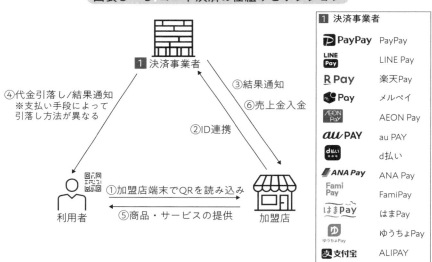

出所：経済産業省『「キャッシュレス決済の中小店舗への更なる普及促進に向けた環境整備検討会」第四回資料』（2020年11月17日），各種公開情報をもとにアビームコンサルティングにて作成

2 サービス提供事業者からみた業界別キャッシュレス決済参入状況

（1）サービス提供事業者の業界マップ

クレジットカード

　クレジットカードは，さまざまな業界から相当数のプレイヤーが参戦しており，その背景にはクレジットカードの変遷が関係しています。

　日本ではクレジットカードが導入される以前より，商品を分割して購入する割賦販売が百貨店を中心に盛んに行われていたため，1960年の国際カードブランド登場後に，続々とクレジットカード事業に参入しました。その後，1960年代後半には，銀行法によりクレジットカード発行は関連会社を通じてのみという制約付きで都市銀行などもクレジットカード事業に参入していきました。

　制約の背景には，他業種に比べて規模が大きかった銀行が自由競争に参入すると，独占的な規模を占める恐れがあったことに起因します。さらに，大蔵省通達によって，領域はあくまでもショッピングと翌月一括返済のキャッシングに限定され，ローン（分割払い）への参入は禁じられていました。

　こうした経緯から，銀行以外の事業会社は銀行よりも規制を受けずにクレジットカード事業を展開しやすい状況にあったため，**さまざまな業界のサービス提供事業者が参画する，日本独自の状況**が形成されてきました。

図表3-6 クレジットカード｜業界マップ

金融事業者	流通・百貨店事業者	交通・運輸事業者	その他事業者
信販系 セゾンカード オリコカード	**流通系・百貨店系** イオンカード セブンカード・プラス エディオンカード エポスカード エムアイカード	**鉄道系** ビュー・スイカカード 東急カード wellow card manaca	**EC事業者** 楽天カード Amazon Mastercard ZOZOカード
銀行系 三菱UFJカード 三井住友カード みずほカード		**ガソリンスタンド系** ENEOSカード apollostation card	
プロパーカード JCBカード American Express Card ダイナースクラブカード		**航空系** ANAカード JALカード	**通信事業者** dカード au PAY カード

出所：SDファイナンスマガジン『クレジットカード発行会社別カオスマップ2023年版』，（参照2023-06-28），各種公開情報をもとにアビームコンサルティング作成

▌電子マネー

　電子マネーには，交通系や流通系の企業が多く参入しています。電子マネーは他のキャッシュレス決済と比較した時に，決済手数料やネットワークの使用料が割高な決済手段ですが，利用者から見た場合，**クレジットカードなどよりもスムーズな決済が可能**なため，混雑緩和や利用者の利便性の向上といった点への影響が大きい事業者では有益な決済手段です。

　たとえば，SuicaやPASMOをはじめとした交通系電子マネーですが，切符や定期の販売，乗り越し精算などを自動化することによるコスト削減，改札のスムーズな通過を実現していますし，nanacoはさまざまな業態の店舗を多く抱えるセブン＆アイホールディングスにとっては，レジ混雑の緩和に繋がっています。

図表3－7　電子マネー｜業界マップ

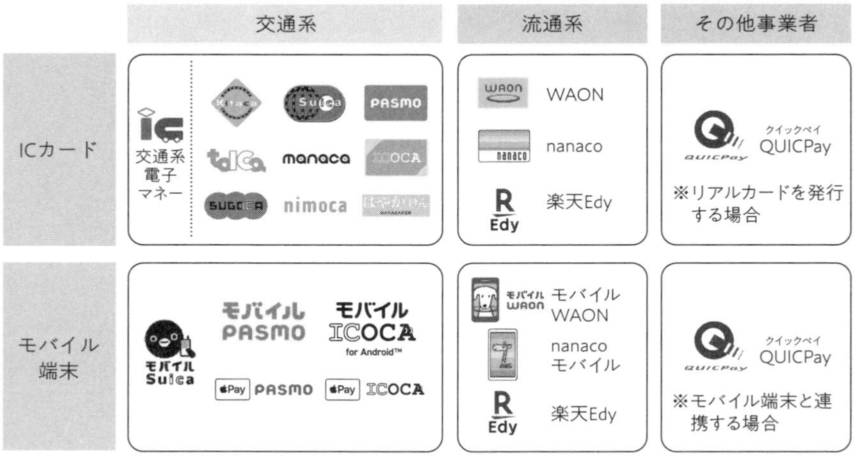

出所：各種公開情報をもとにアビームコンサルティング作成

▌コード決済

　コード決済は，通信事業者（ｄ払い，au PAY，PayPay）EC事業者（楽天

ペイ，メルペイ）やSNS事業者（LINE Pay）など，スマートフォンに関連する事業を展開している企業が中心となっています。コード決済黎明期には，多くの事業者がコード決済ビジネスに参入しましたが，利用者獲得に向けた赤字を前提としたキャンペーンの各社展開により，体力のない企業が淘汰されていったという背景もあります。最終的には，**本業の体力があり，スマートフォンとの相関が強いビジネスを展開している企業**が現在も事業を継続しています。

図表3－8　コード決済｜業界マップ

出所：各種公開情報をもとにアビームコンサルティング作成

（2）キャッシュレス決済ビジネスへの参入事例

▌丸井のエポスカードを活用した手数料ビジネス

　株式会社丸井（以下「丸井」と表記）は，若年層をメインターゲットとしたクレジットカードビジネスを展開しています。

　そもそも丸井は，1931年に家具店として創業しました。その後，1980年代に時代の潮流を捉えて若者向けのアパレル商品へ転換したことで，本業のメイン顧客層が学生を含む若年層となりました。

　一方で，金融関連事業も早くから手掛けており，1960年には日本で初めて

「クレジットカード」という名称を用いた紙のカードを発行しました。これは，現在のクレジットカードとは意味合いが異なり，分割払いを終えたお客様に発行する「完済証明書」であり，次回分割払いの審査を通すことができるというものでした。「クレジット」という名称を初めて用いることで「月賦」のイメージ払拭に取り組んだ点で，先見性の高い取組みでした。

　その後，1975年に店頭即時発行のクレジットカードである「赤いカード」の取扱いを開始します。「赤いカード」は店頭に番号を事前刻印したカードを在庫として保有しておき，新規契約のお客様にその場でカードを渡す形で即時発行を可能としました。**カード番号が先にあり，あとから個人情報を登録する**という発想の転換を行いました。この店頭即時発行は現在のエポスカードまで引き継がれています。

　2004年にビザ・スペシャルライセンシーを取得できる見通しが立ったことで，丸井以外での利用が可能になり加盟店決済ビジネスを展開，同年に株式会社マルイカードを設立したのち，2006年に現在も広く利用されているエポスカードが発行されました。なお，エポスカードという名称にも「丸井でしか使えない」というイメージを払拭する意図がありました。

　エポスカードは丸井の本業であるファッション小売を通じて，お買い物に来

図表 3 − 9　エポスカードと他社クレジットカード｜会員年代比較

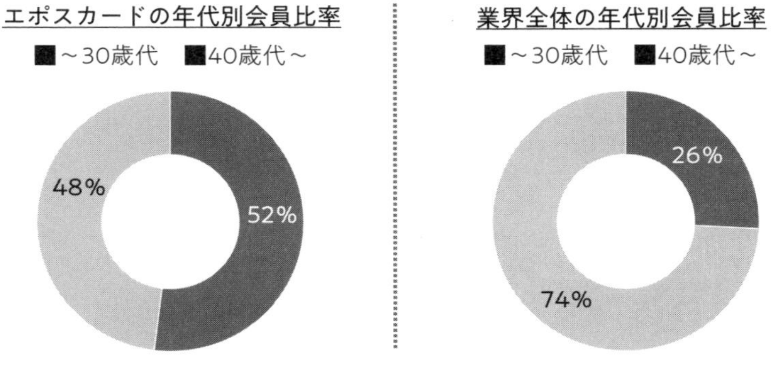

エポスカードの年代別会員比率
■〜30歳代　■40歳代〜

業界全体の年代別会員比率
■〜30歳代　■40歳代〜

48%　52%

26%　74%

出所：株式会社マルイグループ　IRライブラリ『年平均17％で成長を続けるフィンテック事業』（2017年）をもとにアビームコンサルティング作成

たお客様に対して丸井での販売に限定して割引を行うという経済的なメリットと，即時発行による顧客利便性を提供することで利用者を獲得してきました。

　丸井のクレジットカードビジネスが特徴的なのは，本業の顧客層が若年層のため，エポスカード保有率も他のクレジットカード発行会社よりも若年層の占める割合が大きいところです。

　結果として，資産が相対的に少ない若年層がクレジットカードを持つことで，リボルビング・分割払い，キャッシングが増加し，丸井は**金利手数料収入を大**

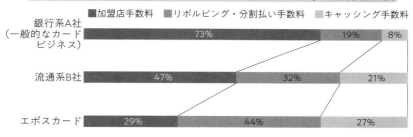

図表 3 –10　エポスカードと他社クレジットカード｜収益構造比較

出所：株式会社マルイグループ『2019年3月期第2四半期決算説明と今後の展望』をもとにアビームコンサルティング作成

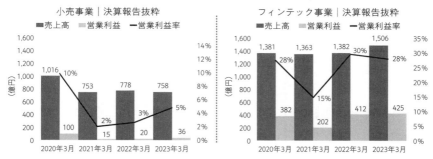

図表 3 –11　マルイ｜事業別決算比較

出所：株式会社マルイグループ『2023年3月期決算説明と中期経営計画の進捗』をもとにアビームコンサルティング作成

きな利益に繋げられるようになったのです。

　実際にビジネスごとの収益状況を見ると，直近の2023年3月期決算報告では，小売の売上収益が758億円，営業利益が36億円であることに比べ，クレジットカードビジネスが関連するフィンテック事業は売上収益が1,506億円，営業利益は425億円にものぼり，フィンテック事業が占めるポーションが大きくなっています。

　丸井のメインターゲットである若年層を他のクレジットカード発行会社が避ける理由として，貸倒リスクがありますが，丸井の貸倒率は2017年時点で1.45％であり，**業界平均と言われる2％を大きく下回っています。**

図表3-12　マルイ｜事業別決算比較

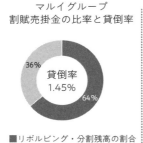

マルイグループ
割賦売掛金の比率と貸倒率

流通A社
割賦売掛金の比率と貸倒率

流通B社
割賦売掛金の比率と貸倒率

出所：株式会社マルイグループ IRライブラリ『フィンテックセグメントの成長戦略』（2019年）をもとにアビームコンサルティング作成

　丸井の貸倒率が低い理由は，①年齢・職業・年収で判断する一般的な手法ではなく，一律低い与信枠の設定からスタートし，その後の利用頻度・利用額をベースに「信用」をお客様と創り上げて限度額を上げる，という**「信用共創」**を重要視している点や，②長年の歴史を通じて莫大なお客様の信用情報を積み上げ，その信用情報をもとにどういったケースが審査結果どおり返済されるのか，あるいは貸し倒れるのかという**独自の判断精度を高めてきた点**が挙げられ

ます。

　このようにして丸井は本業のターゲットの属性に応じたクレジットカードビジネスを展開し，**独自の強みを成長させ安定的に手数料を確保するビジネスモ**デルを構築しています。

▌JR東日本のSuica経済圏の構築

　JR東日本は，Suicaを「鉄道事業」を中心として「駅ナカ」店舗での利用，ひいては「街ナカ」へと利用シーンを拡大させ，さらにはJRE POINT生活圏構築を目指しています。

　Suicaは「①乗客の利便性向上」「②乗降にかかるコストの削減」「③新しい収益の柱を作る」という目的を達成するためJR東日本・東京モノレール・東京臨海高速鉄道が，2001年にサービスを開始したICカードです。

　2004年には黎明期にあった電子マネーサービスの提供も開始しました。駅構内のコンビニエンスストアやカフェなどの利用から始まり，その後駅ビルへの拡大，駅以外での利用へと使用範囲が広がっていきました。こうして，鉄道を超えて**駅ナカ，街ナカで広く利用できるキャッシュレス決済手段**へと進化していきました。

　さらに2006年には「モバイルSuica」のサービスがスタートしました。この頃には他の鉄道事業者でも交通系ICカードの導入が進んだため，事業者間での相互利用を積極的に進め，2007年には**首都圏の私鉄，バスとの連携**を実現しました。

　2016年には，JR東日本グループの**共通ポイントサービス「JRE POINT」の開始，Apple Payサービスへの連携**という大きな動きが2つありました。

　JRE POINTは，それまで複数存在していたポイントサービスを統合しました。従来は駅ビルだけで19種類のカードが存在しており，Suica，ビューカードなどを合わせると全体で24種類ものカードが存在していました。これを1つの「JRE POINT」に統合することで顧客利便性を高めました。

　また，Apple Payサービスへの連携によってモバイルSuicaの利用者は1年

間で100万人増加しました。その後も2018年のGoogle Payでのサービス開始，2019年の鉄道利用でJRE POINTが貯まるサービス（カードタイプのSuicaは200円ごとに1ポイント，モバイルSuicaは50円ごとに1ポイント）を開始すると利用者はさらに増えていき，2023年3月にはモバイルSuicaの発行枚数が

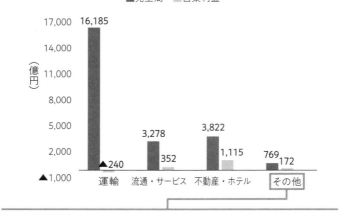

図表3−13 JR東日本｜決算情報

東日本旅客鉄道｜2023年3月期決算概要

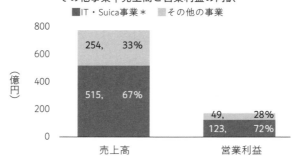

その他事業｜売上高と営業利益の内訳

＊決済端末販売などのICカード関連事業，クレジットカード事業，電子マネー事業などで構成される。

出所：東日本旅客鉄道株式会社『2023年3月期期末決算説明資料』をもとにアビームコンサルティング作成

2,000万枚に達しました。モバイルSuicaの発行数推移に鑑みると現在のSuicaは「駅ナカ」「街ナカ」を超えて，デジタル領域にまでビジネスの範囲を拡大しています。

　現在は，JRE POINTの共通化に加え，その後もポイントが得られるさまざまなキャンペーンを提供し，プラットフォームの構築によるJRE POINT生活圏を作り上げることを目指しています。

　鉄道事業本体はインフラ事業としての側面が強く，赤字路線であっても単純な廃線は行えず経営の自由度が高くありません。ゆえに鉄道事業以外での収益源確保はJR東日本にとって至上命題です。実際，カードタイプのSuicaは2022年3月時点で8,964万枚，モバイルSuicaは2023年3月に2,000万枚を突破し，2023年3月期決算では，本業である運輸収入が赤字を計上する中，Suicaは営業利益およそ120億円を計上しています。

　JR東日本は経営ビジョン「変革2027」の中で鉄道事業：非鉄道事業の営業収益比率を6：4にする目標を掲げており，このゴール達成に向けた重要な取組みの1つがJRE POINT生活圏の創造・拡大であると考えられます。

図表3－14 JR東日本｜「変革2027」概要図

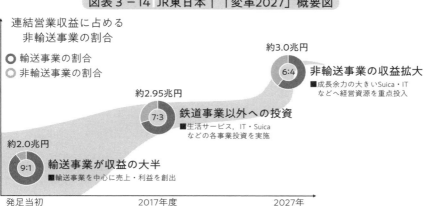

出所：東日本旅客鉄道株式会社『JR東日本グループ経営ビジョン変革2027』（2018年），東日本旅客鉄道株式会社『「変革2027」の新たな数値目標の設定について』（2023年）をもとにアビームコンサルティング作成

図表3−15 JR東日本｜「JRE POINT」概要図

出所：東日本旅客鉄道株式会社『ファクトシート：その他（IT・Suica）』（2022年）をもと
にアビームコンサルティング作成

ANAのマイレージプログラムを柱としたANA経済圏の確立

　全日本空輸株式会社（以下，「ANA」と表記）は会員数3,800万人を誇る
ANAマイレージクラブ（＝AMC）を軸にした**ANA経済圏確立**に向けてキャッ
シュレス決済手段の充実を図っています。

　ANAは1984年にクレジットカードの発行を開始しました。その後はマイレー
ジプログラムを基軸として，2003年には電子マネーEdyと連携してマイルが貯
まるサービスを開始，2020年にはQRコード決済ANA Payを導入しており，
キャッシュレス決済によって大きな収益を実現しています。

　ANAはキャッシュレス決済拡大の源泉になっているマイレージプログラム
を1997年に開始しました。そもそもマイレージプログラムとは，フライトの利
用やショッピングでのクレジットカードや電子マネー，QRコード決済の利用
などでマイル（＝ポイント）が顧客に付与され，所定のマイルに応じてフライ
トが利用できる無料航空券，座席のアップグレード，提携する小売業の商品・
サービスが獲得できるというものです。

　マイレージプログラム発足当初は，航空会社のフライトを利用することでし
かマイルを獲得できませんでしたが，その後**提携先企業での利用でもマイル**を

獲得できるようになっていきました。提携先企業に対してマイルを販売することで提携先企業は，**自社で付与しているさまざまなポイントと航空会社のマイルを交換できる**という仕組みです。マイルと自社ポイントの交換ができれば自社商品の販促に有益だと判断しているからこそ，このマイル販売ビジネスが成り立っています。

　提携先企業がANAのマイレージプログラムを魅力に感じる理由は，AMCの会員数が3,800万人という一大商圏を築いていること，加えて日本人の旅行需要が旺盛であり，マイルに対するニーズが高いことが挙げられます。

　提携先企業が増えることで，AMC会員にとっても高い価値を生み，利用ニーズも高まることから，マイレージプログラムを基軸にしたANA経済圏の確立が可能になります。

　経済圏確立に向けた更なる取組みとして，①2023年４月のANA Pay刷新，②国内航空事業者としては初となる「ANA Mall」をリリースしています。さらにプラットフォームを強固にするために2030年度までにスーパーアプリの実現を目指しています。

図表３－16　ANA｜AMCのビジネスモデル

出所：全日本空輸株式会社『ANA VISION 2012第62期第３四半期のご報告』（2012年）をもとにアビームコンサルティング作成

図表3－17 ANA｜「ANA経済圏」概要図

	❶ 経済圏の前提となる仕組みの整備		❷ 更なるコンテンツの拡充	
2030年度までに目指す姿	**マイレージクラブアプリ** スーパーアプリへの進化	**ANA Pay** チャージ・支払い手段の多様化	**ANA Mall** ANA経済圏拡大のドライバーとなるECモールを展開	》2,000億円規模の経済圏構築（増収400億円で）
2025年度までに目指す姿	**マイレージクラブアプリ** ゲートアプリへの転換 多数のミニアプリを拡充	**ANA Pay** さまざまな手段でのチャージを可能にする	**ANA Mall** グループ独自商材の提供を促進 外部提携による魅力的な品ぞろえ	
直近の取り組み	**マイレージクラブアプリ** ANAマイレージクラブアプリ 2022/10/20 リニューアル	**ANA Pay** ANA Payの刷新 2023年4月 リリース	**ANA Mall** 新ECモール「ANA Mall」 2023/1/31 リリース	》マイル積算・償還双方のシーンで利用機会を拡大
経済圏構築を支えるANAの基盤	**豊富な顧客基盤** AMC会員3,800万人の高い購買力		**豊富な提供価値** 多くの提携先が支えるマイルの価値低位なレートで交換できる特約航空券	

出所：全日本空輸株式会社『2023-2025年度ANAグループ中期経営戦略について』（2023年）をもとにアビームコンサルティング作成

　ANA Payの刷新では，他社クレジットカードや銀行口座，ATMからチャージできるようになり，手段が拡大されました。支払手段も従来のQRコード決済に加えてNFCを利用するタッチ決済，バーチャルプリペイドカードの発行・支払いといった機能を追加（iD，QUICPayとの連携も可能）することで，顧客利便性が大幅に拡充しています。さらに，ANA Payが使える店舗の拡大を図ることでANA Payがより生活に根差した決済手段になることを狙っています。

　なお，ANA PayはANA Payというアプリではなく「ANAマイレージクラブ」というアプリ内の機能である点が重要です。あくまでANA Payはミニアプリ（アプリ内に存在する機能）であり，この「ANAマイレージクラブ」をスーパーアプリにまで引き上げることでANA経済圏の構築を狙っています。

　そして，ECモールには提携企業が出店を行い日用品や家電まで充実したラ

インナップの提供を目指しています。

　こうした経済圏の構築を目指して多くの企業がしのぎを削っている状況ですが，AMCの約4割は世帯年収1,000万円超であり，他社ECモールの平均単価が2,000〜3,000円に収まる中で，ANAのECモール単価は10,000円を超えるなど提携先企業に対して魅力的なマーケットを築いています。

▌イオンによる更なる小売業の発展に貢献するキャッシュレス決済

　イオンはキャッシュレスの積極的な導入による①店舗運営の効率化と顧客利便性の向上，②キャッシュレス決済の自社発行によるコスト削減，③顧客データを通じたビジネスの高度化を目指しています。

　イオンの全身であるジャスコが1980年にジャスコカードを発行したことがイオンのキャッシュレス決済の始まりです。1988年には「ジャスコ・Visaカード」,「ジャスコ・UCマスターカード」,「ジャスコ・JCBカード」などの国際カードを発行したことで，利用加盟店が大幅に拡大しました。その後，海外でのカード発行などを通じてカード会員数は順調に増えていき，2000年には各社との提携カードを統合する形で「イオンカード」を発行しました。この時点で有効会員数はおよそ1,000万人に達しています。

　その後，2007年にはイオン系列店舗の店頭レジで使用できるWAONを導入しました。ICカード形式のみならず，同年におサイフケータイに対応したモバイルWAONも発行しています。現在はクレジットカードやキャッシュカードが一体化されたものや他社クレジットカードと提携しているものまで複数のタイプが発行されています。イオン系列に留まらず多くの企業での利用が可能で，イオンも各企業との提携を積極的に推進しています。2022年3月末時点には約9,113万枚を発行しており，Suica，楽天Edy，nanacoなどと並び電子マネーの中でも非常に大きなシェアを有しています。

　2016年には「イオンウォレット」のサービスを開始しました。これは，イオンカードやWAONポイント，イオン銀行などの各種利用状況，請求額，利用履歴などが確認できるサービスであり，複数に跨っていた金融サービスの一元

管理による顧客利便性を提供しています。

　直近では2021年にiAEONというトータルアプリを展開しました。このアプリでは，コード決済（イオンペイ），電子マネー（モバイルWAON），ポイントカード（WAONポイント）での支払い，利用履歴の確認，ポイント管理などの決済関連機能に加え，お気に入り店舗登録，イベントニュース，クーポン配信などイオン小売事業の販促機能も有しています。

　こうしたキャッシュレス決済ビジネスをイオンが拡大させてきた背景には，**キャッシュレス決済が本業ビジネスに対して多様な恩恵をもたらすことにあります**。

　1つは**店舗運営の効率化および顧客利便性の向上**です。キャッシュレス決済を導入することでレジの支払い速度が向上し，待ち時間の短縮に繋がります。さらに顧客ニーズに合わせてセルフレジ，対面型のレジを用意することで混雑の緩和だけでなく，従業員の削減や現金管理負荷の軽減に繋がります。2020年には「商品のバーコードをセルフでスキャンしながら店内を回り，支払いコードをセルフレジで読み込む」というレジゴーの展開を開始しており，2023年にはレジゴーも含めた会計のスマートモデルを拡大することを発表しています。

　2つ目は，**キャッシュレス決済の内製化による財務への効果**です。

　「キャッシュレス決済の内製化」とはクレジットカードや電子マネーの自社発行を行い，自社店舗を加盟店とすることで，決済事業を一元管理することですが，他のカード会社に支払う加盟店手数料を支払わずに自社収益へ転換できるため，コストを削減する効果があります。

　たとえば，イオンのカードショッピング取扱高はイオンフィナンシャルサービスの発表によると2022年度で約5.9兆円におよびます。一般的な加盟店手数料率3.25％を仮に支払うとすれば年間で約2,000億円もの費用がかかります。

　3つ目の恩恵は，キャッシュレス決済を含む顧客データを活用したビジネスの高度化です。イオングループは，小売業をメインとしながらさまざまな金融サービスを提供しています。そうした中で，2017年度決算説明会では，「3億人のIDを用いて，購買，借入，保険，資産運用等でのトランザクションをデー

図表３−18 イオン｜「スマートモデル」概要図

スマートモデルのイメージ　　　　　　　　　　　各種決済手段 対応可否

		概要	現金	クレジット	電子マネー	コード決済	その他手段
セルフレジ	レジゴー	・利用者自身でスマートフォンによって商品コードをスキャンする。 ・レジに並ばず決済できる仕組み。	○対応	○対応	○対応	○対応	ギフトカード ポイント利用
	キャッシュレスセルフ	・スキャンと精算をレジにてセルフで実施する。現金精算に非対応。 ・現金管理負荷を軽減可能	×非対応	○対応	○対応	○対応	ギフトカード ポイント利用
	現金セルフ	・スキャンと精算をレジにてセルフで実施する。現金精算に対応。	○対応	○対応	○対応	○対応	ギフトカード ポイント利用
	セミセルフ (お支払いセルフ)	・商品のスキャンは店員が実施し，精算のみを利用者自身で行う仕組み。	○対応	○対応	○対応	○対応	ギフトカード ポイント利用
	サポートレジ	・高齢者や目の不自由な人など，会計時に手助けが必要な利用者に向けたレジで，ゆっくりした会計を優先。	○対応	○対応	○対応	○対応	ギフトカード ポイント利用

出所：イオンリテール株式会社『NEWS RELEASE 2023年度，食品レジの「スマートモデル」を300店に拡大』をもとにアビームコンサルティング作成

タベースに集約し，ここにAIを用いたクロスセルを進めていく。」と明言しています。

　従来のイオンはグループ各社がアプリを独自に開発，運営していたためグループ内で顧客情報が分散し，効率的には使われていませんでした。先述したiAEONには顧客IDの統一化に向けたイオンの狙いが込められています。AEON PayやWAONがiAEONに組み込まれているのも，契約時に登録したIDを得ることで，小売りの販売データを顧客IDで有機的に結び付けることが可能になるためです。

図表 3 −19　イオン｜「リテール金融ビジネスモデル」概要図

出所：イオンフィナンシャルサービス株式会社『2017年度通期決算説明会原稿・質疑応答』
（2018年）をもとにアビームコンサルティング作成

　このようにして，イオンのキャッシュレス決済はビジネスの効率化から高度
化までサプライチェーン全体に大きな影響を与えています。

PayPayのQRコード決済からの総合金融サービスへの発展

　PayPay株式会社（以下「PayPay」と表記）はさまざまな取組みによりQR
コード決済サービスの利用者を確保し，今後は①加盟店手数料の確保，②加盟
店向けビジネスの拡充，③金融サービスの展開によるマネタイズを目指してい
ます。

　PayPayは，ソフトバンクのグループ会社であるPayPayが提供するQRコー
ド決済サービスであり，2018年10月にソフトバンクとヤフー（現Zホールディ
ングス）の共同出資によりサービスが開始されました。

　同社は2023年2月7日に登録ユーザーが5,500万人を突破したと発表しまし
た。リリースからわずか5年で多くのユーザーを獲得する一大キャッシュレス
決済手段の立ち位置を獲得しています。

　QRコード決済は，各通信事業者，EC事業者，SNS事業者などが参戦してい

ますが，シェアという観点から見るとPayPayが頭1つ抜けている状態にあります。

　PayPayはこうした状況を作るためにさまざまな取組みを実施してきました。2018年12月には「100億円あげちゃうキャンペーン」と題し，決済利用額の20％分のポイントを全員に還元するというキャンペーンを実施し，認知度を一気に拡大させました。さらに利用可能店舗を増やすために，新規加盟店に対して初期費用0円，加盟店手数料0円，入金費用0円の「3つの0円」施策を打ち出し，多くの加盟店導入を促進しました。

　その後も「まちかどペイペイ」，地方自治体と協力した「あなたのまちを応援プロジェクト」などさまざまな施策を実施していきました。こうした大規模キャンペーンは，国によるキャッシュレス・消費者還元事業（2020年6月末まで）と組み合わさり，消費者から好評を博していきました。

　もちろんPayPayに限らず，多くのライバル企業も同様に多くのキャンペーンを展開しました。大量の利用者を獲得するために大規模なキャッシュバックを行う一方，加盟店からは手数料を取らないという大手企業による大規模な投資に，小規模な事業者が太刀打ちすることは難しく，大規模な事業者がシェアを獲得していきました。

　中でも，**PayPayは最初期からキャンペーンで知名度を集めたこと，加盟店から手数料を取らないというインパクトで一気にユーザーを増やしたこと**で，QRコード決済市場において大きなシェアを獲得するに至りました。ファーストムーバーアドバンテージを生かし，最初期に大規模投資を行った先見性が現在の結果をもたらしたのです。PayPay共同出資会社であるヤフー（現Zホールディングス）の調査結果ではありますが，2021年3月時点でPayPayのQRコード決済市場シェアは68％に及んでいます。

　こうした取組みにより，多くのユーザーを確保した一方で決算は赤字が続いていましたが，足許では多くのシェアを獲得したこともあり，収益化に向けた動きを加速させています。

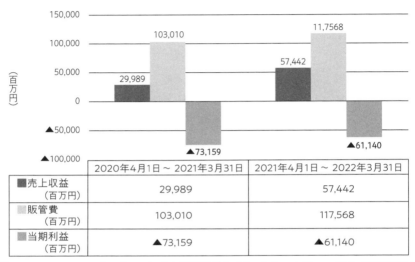

図表 3 −20 PayPay｜決算情報

PayPayの決算情報

	2020年4月1日 ～ 2021年3月31日	2021年4月1日 ～ 2022年3月31日
■売上収益 （百万円）	29,989	57,442
販管費 （百万円）	103,010	117,568
当期利益 （百万円）	▲73,159	▲61,140

出所：Ζホールディングス『2021年度有価証券報告書』，Ζホールディングス『2022年度有価証券報告書』をもとにアビームコンサルティング作成

　2021年10月以降，年商10億円以下の加盟店，個人事業主の手数料を「PayPay マイストア ライトプラン」（月額1,980円／店舗（税別））に加盟すると1.6％，それ以外を1.98％に設定するなど手数料確保に舵をきっています。

　PayPayは更なるマネタイズに向けて，3階建てのロードマップを描いています。1階は前述の加盟店手数料の徴求です。2階は加盟店サービスで構成されています。これは広告・販促などを通じた加盟店向けのB to Bビジネスです。

　たとえばPayPayアプリ上でお店の紹介ができる「PayPay マイストア マイページ」ではマップにお店の位置を掲載したり，お店のお知らせや紹介ページでアピールしたりできます。

　また，PayPayクーポンでは集客に向けたクーポンを発行し，加盟店の集客を促進します。すなわち，PayPayを通じた販促ソリューションを提供するビジネスです。QRコード決済を立ち上げる際にスマートフォンでの画面を経由

するがゆえに機能する手法であり，クレジットカードや電子マネーの発行では達成できないマネタイズ手法です。

　そして3階は金融サービスの提供です。PayPayはスーパーアプリ化によるさまざまな金融サービス提供の一元化を目指しています。すでに，公共料金の支払い，銀行口座への出金といったサービスの提供を開始していますし，PayPay銀行やPayPay証券，PayPayほけんなどのさまざまな金融サービスを提供してマネタイズに動き出しています。PayPay銀行の住宅ローンやカードローン残高も年々増加しており，金利手数料収入の確保を目指しています。

図表3－21　PayPay｜マネタイズの3本柱

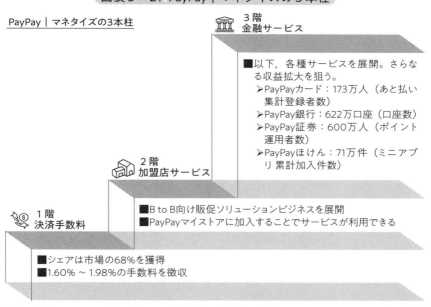

PayPay｜マネタイズの3本柱

3階　金融サービス
■以下，各種サービスを展開。さらなる収益拡大を狙う。
  ➤PayPayカード：173万人（あと払い集計登録者数）
  ➤PayPay銀行：622万口座（口座数）
  ➤PayPay証券：600万人（ポイント運用者数）
  ➤PayPayほけん：71万件（ミニアプリ累計加入件数）

2階　加盟店サービス
■B to B向け販促ソリューションビジネスを展開
■PayPayマイストアに加入することでサービスが利用できる

1階　決済手数料
■シェアは市場の68％を獲得
■1.60％～1.98％の手数料を徴収

出所：Zホールディングス『PayPay経済圏のさらなる拡大へ。Zフィナンシャルが目指す未来』（2023年）をもとにアビームコンサルティング作成

3　加盟店にとってのキャッシュレス決済

（1）キャッシュレス決済のメリット・デメリット

　加盟店がキャッシュレス決済を導入することによって得られるメリット，デメリットは「業務」，「B/S，P/L」，「リスク」という3つの観点から整理できます。

┃業務上のメリット・デメリット

　キャッシュレス決済導入による業務上のメリットとしては，**「レジ待ち時間短縮」**，**「両替頻度削減」**，**「レジ違算金の確認時間削減」**などが挙げられます。

　「レジ待ち時間短縮」は，店舗のキャッシュレス決済導入を通じて，利用者によるスムーズな支払処理が可能になることで実現できます。経済産業省の調査結果によると，キャッシュレス決済は現金に比べてスムーズな支払処理が実現でき，レジ業務所要時間を比較すると，35％ほど前者のほうがスピーディに支払処理を完了できることがわかっています。

　また，「両替頻度削減」について，店頭での現金支払いが多いと加盟店はそれだけ釣り銭用の現金を用意する必要がありますが，キャッシュレス決済を導入することで銀行に出向き両替をするという業務負荷を削減できます。特にフルキャッシュレスの店舗において，その恩恵は大きくなります。

　さらに，店舗がキャッシュレス決済を導入することで「レジ違算金の確認時間削減」も実現できます。「違算」とは，「レジに入力されている金額」と「レジに入っている実際の金額」が一致しないことを指します。経済産業省によると，支払処理がすべて現金の場合，店舗による違算の原因特定には平均して30分〜1時間程度の時間を要することがわかっていますが，現金の決済件数が少なければ，違算の原因となった取引の特定にかかる時間を短縮できます。

　一方，業務上のデメリットとしては，**「キャッシュレス決済に関連した新し**

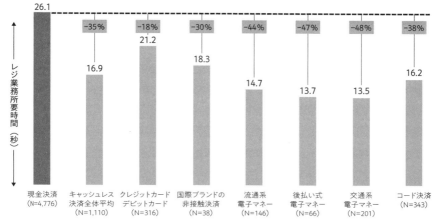

図表 3 −22　決算手段別のレジ業務所要時間

出所：経済産業省『令和 3 年度「キャッシュレス決済の中小店舗への更なる普及促進に向け
　　た環境整備検討会」第 3 回検討会事務局説明資料』（2022年 3 月）をもとにアビーム
　　コンサルティング作成

い事務処理を求められること」や「現金より決済金額訂正に手間がかかる」こ
となどが挙げられます。

　「キャッシュレス決済に関連した新しい事務処理を求められること」につい
ては，現金支払いでは求められなかった端末操作，会計上の売掛金処理などが
その例として挙げられます。また，そうした事務を実行するためのスタッフ教
育にかかる時間とコストがデメリットとなります。

　加えて，「現金より決済金額訂正に手間がかかる」というデメリットは，加
盟店が金額などを誤った状態で支払処理をした場合，端末でキャンセル処理を
行う必要があるなど，現金では必要のない訂正処理が求められることが背景に
あります。

▍B/S，P/L上のメリット・デメリット

　B/S，P/Lの観点からメリットとしてまず挙げられるのは，「売上拡大」，「費
用削減」です。

　売上拡大は，キャッシュレス決済導入による新規顧客獲得・顧客のリピート拡大によってもたらされます。経済産業省の調査結果によると，キャッシュレス決済に対応していない店舗を「可能な限り避ける」，「避けることがある」という回答は半数近くに及んでいます。ある店舗がキャッシュレス決済を導入していない場合，「可能な限り避ける」と回答する1〜2割程度の潜在的な顧客を得られず，さらに「避けることがある」と回答している3割程度の顧客が離反する可能性があります。

図表3－23　キャッシュレス決済未導入時の店舗利用意向

	可能な限り避ける	避けることがある	避けることはない
スーパー（全国規模の大手チェーン）	15.4%	30.3%	54.3%
スーパー（上記以外）	15.5%	29.7%	54.8%
ドラッグストア	18.2%	28.4%	53.3%
コンビニ	19.1%	24.3%	56.6%
個人商店	16.0%	33.2%	50.8%
生活関連サービス	17.0%	29.2%	53.8%
飲食店	14.6%	28.1%	57.2%

出所：経済産業省『キャッシュレス更なる普及促進に向けた方向性』（2022年9月28日）をもとにアビームコンサルティング作成

　「売上拡大」と並び，もう1つのメリットである「費用削減」は，キャッシュレス決済導入による店舗業務効率化がもたらす人件費抑制などによって実現できます。店舗がキャッシュレス決済を導入する場合，「レジ待ち時間短縮」，「両替頻度削減」，「レジ違算金の確認時間削減」などの形で店舗業務が効率化されるため，加盟店の業務時間が抑制され，人件費の削減を実現できます。ま

た，人件費以外の費目では，たとえば「両替頻度削減」は両替手数料の削減という形でコストカットに寄与します。

　一方，デメリットは，キャッシュレス決済を整備するための**コスト負担**が挙げられます。キャッシュレス決済は，決済端末の費用，専用システムを開発する費用などさまざまなコストが必要になります。また，決済の都度かかる加盟店手数料などもあり，負担すべき費用が現金より増える場合があります。

　キャッシュレス決済は導入・維持にコストがかかる一方で，業務効率化等を通じた費用削減という，相反する効果を有しています。各加盟店は現金決済に比べて純増するコスト負担のみならず，キャッシュレス決済導入によるコスト削減までも加味することで，実態に即してコストを把握することができます。

図表3-24　決済手段別のコスト概要

決済手段	イニシャルコスト	ランニングコスト
クレジットカード	0～数万円*1	加盟店手数料1～10%程度*3
デビットカード	0～数万円*1	加盟店手数料1～10%程度*3
電子マネー	0～数万円*1	加盟店手数料3～5%程度
コード決済	0円のケースが多数*2	加盟店手数料1.60～3.25%*4

*1：決済代行業者経由で端末無料キャンペーン中に契約すると端末導入費用はかからない場合もある。

*2：紙製のQRコードキットを組み立て，利用者がコードを読み取る場合には初期費用0円。

*3：大手事業者で割引があれば手数料率は低く，小規模ビジネス事業者の場合は手数料率が高い傾向にある

*4：コード決済は手数料0円キャンペーン実施時に0％のケースがあったが，現在は徴収されることが一般的。

出所：各クレジットカード事業者，デビットカード事業者，電子マネー事業者，コード決済事業者，決済代行業者の公開情報をもとにアビームコンサルティング作成

リスク上のメリット・デメリット

　リスク上のメリットとして，「**現金盗難・紛失リスク低減**」が挙げられます。「現金盗難・紛失リスク低減」は，キャッシュレス決済の導入によって，店

舗に保管する現金が減り，盗難・紛失の金額が抑えられることで実現できます。特にフルキャッシュレスの店舗においては現金の盗難・紛失が発生しないため，その恩恵を最も強く受けることができます。

　一方でリスク上のデメリットとして，「**自然災害時や通信障害発生時の決済取引停止**」などが挙げられます。

　「自然災害時や通信障害発生時の決済取引停止」は，電源や通信網というインフラやネットワークのトラブルに起因しており，店舗の自助努力によってキャッシュレス決済の取引を再開することはできないため，加盟店はキャッシュレス決済で支払いたい利用者との取引ができないリスクを有することになります。

図表3－25　キャッシュレス決済導入によるメリット・デメリットの整理表

評価軸	メリット	デメリット
1 業務	✓レジ待ち時間短縮 ✓両替頻度削減 ✓レジ違算金の確認時間削減	×キャッシュレス決済に関連した新しい事務処理が求められる ×決済金額訂正の手間が現金より高い
2 B/S, P/L	✓新規顧客獲得，顧客のリピート拡大による売上拡大 ✓人件費，両替費用などの費用削減	×キャッシュレス決済を整備するためのコスト負担
3 リスク	✓現金盗難・紛失リスク低減	×自然災害時や通信障害発生時の決済取引停止

出所：まねーぶ「【キャッシュレスQ&A】事業者の悩みに中小企業診断士が回答」（https://www.money-book.jp），カフェビト.com「カフェの開業ノウハウ運営ノウハウ　キャッシュレス決済について」（2020年9月1日）（https://cafe-bito.com）をもとにアビームコンサルティング作成

（2）キャッシュレス決済の普及状況

　経済産業省は2021年6月に「キャッシュレス決済実態調査アンケート」を公表しています。アンケートは2021年1月27日から2021年3月31日の期間に中小企業1,189社に対してWEB上で実施し，業種・地域・売上・客単価・B to C比

率という軸でキャッシュレス決済の導入状況を整理しています。

　アンケートの結果，72％の企業がなんらかのキャッシュレス決済手段を導入していると回答しており，キャッシュレス決済が広く浸透していることがわかっています。

図表3-26　「キャッシュレス決済実態調査アンケート」の概要

調査の基本情報		キャッシュレス決済｜導入状況

❶	経済産業省の調査目的	中小事業者におけるキャッシュレス決済手数料等の実態を把握すること	
❷	調査実施期間	2021年1月27日〜2021年3月31日	
❸	調査対象/回答数	全業種の事業者/1,189社が回答	
❹	調査地域	全国	
❺	調査手法	WEBアンケート	

キャッシュレス決済全体　72％
コード決済　55％
クレジットカード　55％
その他電子マネー　25％
交通系電子マネー　25％

出所：経済産業省『キャッシュレス決済実態調査アンケート集計結果』（2021年6月18日）をもとにアビームコンサルティング作成

業種別導入率

　業種別では，飲食店や小売業，観光業で特に導入率が高く，なんらかのキャッシュレス決済手段を導入している事業者は9割弱に達しており，「公共機関」，「その他サービス業」では6割程度となっています。一方で，一次産業，建設業，製造業等で構成される「その他」の導入率は34.6％に留まり，相対的に導入が進んでいないことがわかっています。業種によらず，総じて導入率が高いのはクレジットカードとコード決済であり，いずれの業種においても電子マネー（交通系・非交通系いずれも）の導入率を上回っています。

　また，飲食店・食品小売においてコード決済の導入率がクレジットカードを上回っている点が特徴的です。これは，コード決済サービス事業者が加盟店向

けの決済手数料率を0％とするキャンペーンを実施したことと関係があります。QRコードが記載された紙媒体のスタンドを加盟店がレジ周辺に置くだけで，コストをかけず簡単に導入できることがコード決済の高い導入率を後押ししました。

図表3－27 業種別導入率（業種×決済手段）

業種× 決済手段	飲食店 N=247	食品小売 N=80	その他小売 N=290	観光 N=83	公共機関 N=65	その他 サービス業 N=213	その他 N=211
1 なんらかの キャッシュレス 決済手段	85.4%	78.8%	88.3%	86.7%	66.2%	63.8%	34.6%
2 クレジット カード	58.3%	45.0%	73.8%	74.7%	53.8%	50.2%	24.6%
3 電子マネー （交通系）	33.2%	26.3%	30.0%	30.1%	21.5%	21.6%	12.3%
4 電子マネー （非交通系）	32.8%	30.0%	28.3%	31.3%	21.5%	20.7%	13.7%
5 コード決済	68.4%	62.5%	71.0%	67.5%	41.5%	46.0%	22.3%

出所：経済産業省『キャッシュレス決済実態調査アンケート集計結果』（2021年6月18日）をもとにアビームコンサルティング作成

地域別導入率

　地域別にキャッシュレス決済の導入状況を確認すると，地域による大きな差異は見られません。この傾向はいずれの決済手段においても同様であり，キャッシュレス決済が日本中で広く浸透していることがわかります。

売上別導入率

　売上別の導入状況を確認すると，売上が0.1億〜5億円未満の小〜中規模事業者での導入率が高い一方で，0.1億円未満の事業者，5億円以上の事業者は導入率が相対的に低いことがわかっています。

図表3-28 地域別導入率（地域×決済手段）

地域×決済手段	N=80 北海道・東北	N=199 関東	N=315 中部	N=234 近畿	N=212 中国・四国	N=149 九州・沖縄
1 なんらかのキャッシュレス決済手段	71.3%	70.9%	73.0%	69.2%	78.8%	65.1%
2 クレジットカード	57.5%	60.8%	52.7%	53.4%	54.2%	51.7%
3 電子マネー（交通系）	30.0%	32.7%	22.5%	25.2%	19.3%	27.5%
4 電子マネー（非交通系）	26.3%	28.6%	22.9%	25.2%	23.1%	28.2%
5 コード決済	53.8%	49.7%	57.1%	51.3%	64.2%	50.3%

出所：経済産業省『キャッシュレス決済実態調査アンケート集計結果』（2021年6月18日）をもとにアビームコンサルティング作成

　売上が0.1億円未満の事業者における決済手段別の導入率では，相対的に低いのはクレジットカード，電子マネーであり，コード決済は，売上規模がより大きい事業者と比べて特段の差異は見られません。この結果から，零細事業者のキャッシュレス決済導入を妨げている主要な要因はコスト負担であることが想定されます。

　コード決済の導入は導入コスト・決済手数料が廉価であることは触れましたが，クレジットカードや電子マネーの決済手数料は大規模事業者と比べ，零細事業者などの場合は一般的に高く設定されることが多く，零細事業者での導入が進んでいないと考えられます。大規模事業者に比べて手数料の割引がなく，相対的に割高なコスト負担となることが，零細事業者のキャッシュレス決済導入を妨げている背景といえます。

　一方で，売上規模が5億円以上の事業者で導入率が低いのは，これら事業者が法人取引など，取引規模が大きいビジネスを営むケースが多く，B to C比率が低い傾向にあるためと想定されます。後述するB to C比率別のキャッシュレス決済導入状況を確認するとB to C比率が0〜20％の事業者は20％以上の事業

者に比べてキャッシュレス決済の導入率が低いことがわかっています。

客単価別導入率

　客単価別にキャッシュレス決済の導入状況を確認すると，客単価が5万円以上の事業者は導入率が相対的に低い傾向にあることがわかっています。

　売上別導入率の説明でも記載したとおり，客単価が高い事業者（特に10万円以上）は法人取引などをメインとして取り扱っている場合が多く，B to B事業者の多さが導入率の低さに繋がっているものと想定されます。

　また，客単価が5,000円を超える事業者はクレジットカードの導入率が他の手段に比べて高い点が特徴的ですが，高価な支払いは後払いのニーズが強いことが背景にあると考えられます。

B to C比率別導入率

　B to C比率別に導入状況を確認すると，B to C比率が高いほどキャッシュレ

図表3－29 売上別導入率（売上×決済手段）

売上× 決済手段	0.1億円未満 N=336	0.1億円～ 0.5億円 N=442	0.5億円～ 1億円 N=135	1億円～ 3億円 N=144	3億円～ 5億円 N=46	5億円～ 10億円 N=38	10億円以上 N=48
1 なんらかの キャッシュレス 決済手段	64.9%	78.5%	79.3%	69.4%	71.7%	60.5%	54.2%
2 クレジット カード	40.8%	60.2%	60.7%	59.7%	67.4%	57.9%	54.2%
3 電子マネー （交通系）	22.0%	26.9%	28.9%	20.8%	30.4%	28.9%	29.2%
4 電子マネー （非交通系）	22.3%	24.9%	31.1%	22.2%	30.4%	34.2%	29.2%
5 コード決済	54.2%	58.8%	57.8%	45.1%	60.9%	50.0%	43.8%

出所：経済産業省『キャッシュレス決済実態調査アンケート集計結果』（2021年6月18日）をもとにアビームコンサルティング作成

図表 3 - 30　客単価別導入率（客単価×決済手段）

客単価×決済手段	N=137 1,000円未満	N=359 1,000円以上 3,000円未満	N=193 3,000円以上 5,000円未満	N=123 5,000円以上 1万円未満	N=191 1万円以上 5万円未満	N=49 5万円以上 10万円未満	N=137 10万円以上
1 なんらかのキャッシュレス決済手段	70.8%	83.8%	81.9%	84.6%	72.3%	59.2%	19.7%
2 クレジットカード	36.5%	57.4%	66.3%	74.0%	66.0%	53.1%	16.8%
3 電子マネー（交通系）	21.2%	30.1%	28.0%	36.6%	23.0%	26.5%	5.8%
4 電子マネー（非交通系）	26.3%	27.9%	27.5%	35.8%	23.6%	28.6%	5.8%
5 コード決済	59.9%	66.3%	61.1%	61.8%	52.4%	44.9%	12.4%

出所：経済産業省『キャッシュレス決済実態調査アンケート集計結果』（2021年 6 月18日）をもとにアビームコンサルティング作成

図表 3 - 31　B to C比率別導入率（B to C比率×決済手段）

BtoC比率×決済手段	N=80 0% *100% to B	N=135 1%以上 20%未満	N=71 20%以上 40%未満	N=68 40%以上 60%未満	N=80 60%以上 80%未満	N=239 80%以上 100%未満	N=516 100% *100% to C
1 なんらかのキャッシュレス決済手段	12.5%	51.9%	71.8%	73.5%	76.3%	82.4%	80.4%
2 クレジットカード	10.0%	37.8%	64.8%	55.9%	58.8%	61.9%	60.5%
3 電子マネー（交通系）	2.5%	20.7%	28.2%	25.0%	21.3%	29.7%	28.3%
4 電子マネー（非交通系）	3.8%	20.0%	28.2%	30.9%	23.8%	28.9%	27.3%
5 コード決済	3.8%	40.0%	46.5%	52.9%	56.3%	67.4%	62.2%

出所：経済産業省『キャッシュレス決済実態調査アンケート集計結果』（2021年 6 月18日）をもとにアビームコンサルティング作成

ス決済の導入率が高い傾向にあることがわかります。B to C比率が０％，すなわちすべての取引が対法人で構成される事業者のキャッシュレス決済導入率は12.5％に留まっています。これは，キャッシュレス決済における経費精算がある程度小口の取り扱いに限られるケースが多いことなどが背景にあると考えられます。

▌キャッシュレス決済が浸透する状況下，加盟店が取るべき行動

これまで見てきたとおり，７割の事業者が何らかのキャッシュレス決済を導入しており，B to C比率が高い事業者に限っては，８割程度が導入済みです。都市圏に限らず全国的にこの傾向があり，キャッシュレス決済の導入は大多数の事業者にとって必須の対応事項になっています。

ただし，各種決済手段はそれぞれに特徴があり，「どの決済手段を導入すべきか」という論点は，各事業者が所属する業界や業種の特殊性，キャッシュレス決済導入によって得られる効果などを十分に加味して決定すべきです。

（3）キャッシュレス決済導入時の着眼点

キャッシュレス決済はすでに広く浸透しており，今後も技術・市場が成長することを考慮すると，加盟店がなすべきことは，どのキャッシュレス決済手段が最も自社ビジネスに適合しているかを適切に見極めて導入することだといえます。

特にキャッシュレス決済導入において重要な着眼点は，**①取り扱う商材とキャッシュレス決済手段の相性，②キャッシュレス決済を導入することで達成したい目的，**の２点です。

▌取り扱う商材とキャッシュレス決済手段の相性

図表３−32では，各商材の特徴，具体的には価格とメイン顧客層の２点を踏まえ，各種キャッシュレス決済手段との相性を整理しています。

たとえば価格から考えてみると，高額商材の家電や家具はチャージ金額に上

図表3－32 商材×決済手段の相性表

[凡例]
○：相性が良い，　△：相性が普通，　×：相性が良くない

				クレジットカード	デビットカード	電子マネー	コード決済
対面販売	物販	少額	食料品・書籍・事務用品等	○	○	○	○
		高額	生活家電・自動車・高級衣類等	○	△	×	△
	サービス	少額	低価格帯飲食店/理美容店	○	○	○	○
		高額	高価格帯飲食店/理美容店	○	△	×	△
オンライン販売	物販	少額	食料品・書籍・事務用品等	○	○ *J-Debitは ×	×	△ *使用可能なサービス有
		高額	生活家電・自動車・高級衣類等	○	△ *J-Debitは ×	×	△ *使用可能なサービス有
	サービス	少額	チケット販売	○	○ *J-Debitは ×	×	△ *使用可能なサービス有
		高額	金融サービス・旅行サービス	○	△ *J-Debitは ×	×	△ *使用可能なサービス有
	デジタル	少額	コンテンツ導入	○	○ *J-Debitは ×	×	△ *使用可能なサービス有
		高額	高額ソフトウェア	○	△ *J-Debitは ×	×	△ *使用可能なサービス有

出所：DGフィナンシャルテクノロジー『決済にかかるコストを削減する方法とは？　検討すべきケース』（2021年11月22日）をもとにアビームコンサルティング作成

限のある電子マネーなどは適さないものの，利用者が後払いで支払いたいニーズを有するクレジットカードと相性が良いことがわかります。一方でメイン顧客層の観点から考えてみます。たとえば，13〜19歳がメイン層の事業者の場合は，メイン顧客はクレジットカードの審査が通らないため，電子マネーなどのサービスを導入するほうが効果的だとわかります。また，インバウンド顧客がメイン顧客層なのであれば，クレジットカードはもとより，海外系QRコードの導入を視野に入れることも必要だとわかります（**図表3－33**）。

図表3－33 顧客層×決済手段の相性表

[凡例]〇：相性が良い，△：相性が普通，×：相性が良くない

	クレジットカード	デビットカード	電子マネー	コード決済
13～19歳	×	△	〇	〇
20～34歳	〇	〇	〇	〇
35～49歳	〇	△	〇	〇
50～64歳	〇	〇	〇	△
65歳以上	△	△	△	×
外国人訪日客	〇	〇	×	△* *海外系のQRコードであれば〇

出所：ebisumart MEDIA『【全解説】ゼロから理解する「決済代行」が必要な理由と会社の
選び方』（2019年3月8日）や各種統計情報をもとにアビームコンサルティング作成

　このように，すべての商材に適するキャッシュレス決済は存在しないため，
自社商材の価格・顧客層などを十分に踏まえてからどのキャッシュレス決済手
段を導入すべきか検討する必要があります。

▌キャッシュレス決済を導入することで達成したい目的

　どのような目的を持ってキャッシュレス決済を導入するか明確にすることも，
加盟店におけるキャッシュレス決済選択の判断基準として重要なポイントです。

　経済産業省のアンケート調査によると，およそ半数の加盟店はキャッシュレ
ス決済による効果を感じていないと回答しています。

　これは多くの場合，キャッシュレス決済の導入時に獲得できる具体的な効果
を多くの加盟店で把握しきれていないことや，現実的な効果/メリットが不明
瞭なまま，キャッシュレス決済を導入したことに起因するものと考えられます。
実際，図表3－23で確認したとおり，事業者がキャッシュレス決済を導入す
れば，現金以外で支払いを行う顧客のうち15%～45%程度が離反しない可能性
があるため，事業者はこうした効果を導入前に認識したうえで，実際に期待し

図表3−34 キャッシュレス決済導入による効果/メリット｜アンケート結果

- 業務上の効果/メリット
- B/S，P/L上の効果/メリット
- リスク上の効果/メリット

キャッシュレス決済導入によって得られた効果/メリット（複数回答）

		導入比率	1位	2位	3位	4位	5位
1	飲食 (N=404)	82%	53% 特に効果や メリットなし	17% レジの決済 時間短縮	14% 売上が増えた	13% 来店客数が 増えた	11% 1人あたりの 売上が増えた
2	生活関連 (N=268)	72%	57% 特に効果や メリットなし	15% レジの決済 時間短縮	8% 1人あたりの 売上が増えた	8% レジ残高確認 の手間軽減	8% 釣り銭準備 が減った
3	小売 (N=259)	85%	43% 特に効果や メリットなし	21% 売上が増えた	16% レジの決済 時間短縮	15% 1人あたりの 売上が増えた	14% 来店客数が 増えた
4	娯楽 (N=51)	80%	46% 特に効果や メリットなし	15% レジの決済 時間短縮	15% 売上未回収リ スクが減った	12% 来店客数が 増えた	10% レジ残高確認 の手間軽減
5	宿泊 (N=49)	84%	46% 特に効果や メリットなし	22% レジの決済 時間短縮	12% 売上未回収リ スクが減った	12% レジ残高確認 の手間軽減	10% レジ締め違算金 の確認頻度減少

出所：経済産業省『実態調査を踏まえたCL普及拡大施策の方向性について』（2022年10月25日）をもとにアビームコンサルティング作成

た効果が得られたかどうかを把握することが重要になります。

　事業者がキャッシュレス決済を導入し，その恩恵を享受するためには，「現金決済を避ける利用者の離反を防ぎたい」のか，「レジの行列を解消させたい」のか，「新たな顧客誘致につなげたい」のかなど，おのおのの導入目的を明確にしたうえで，どのキャッシュレス決済を取り入れるかを判断することが重要です。

4　キャッシュレス決済において決済代行業者が果たす役割

（1）決済代行業者の役割

　決済代行業者（以下「**PSP**」（Payment Service Provider）という）とは，加盟店とサービス提供事業者の間に入り，審査，契約の手続き，売上入金管理，データの管理などキャッシュレス決済手段にかかわる各種サービスを提供する事業者を指します。

図表3-35　PSP経由/非経由時の各契約イメージ

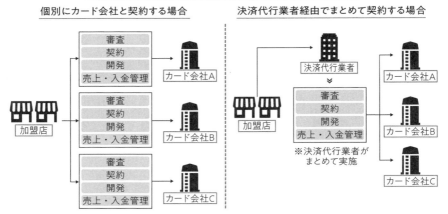

出所：DGフィナンシャルテクノロジー『決済にかかるコストを削減する方法とは？　検討すべきケース』（2021年11月22日）をもとにアビームコンサルティング作成

　PSPの提供するサービスは契約方式に応じて「**包括加盟店型**」，「**包括代理型**」，「**業務代行型**」，「**紹介・取次型**」に分類されます。

　「包括加盟店型」は，PSPが加盟店との契約締結についてアクワイアラーから包括的に権利を授権し，加盟店管理を行う契約方式であり，PSPが加盟店審査まで担います。

　「包括代理型」は，アクワイアラーとPSPが代理店契約を行い，加盟店のシステム運営や売上管理などの業務代行を担う契約方式です。「包括加盟店型」との相違点は，加盟店の審査・業務管理をアクワイアラーが担う点になります。

　「業務代行型」は，加盟店がカード会社との契約を個別に行う一方，決済処理など特定の業務をPSPが行う契約方式です。高度なシステム処理など，決済にまつわる特殊な業務にPSPが特化するという特徴があります。

　「紹介・取次型」は，カードや各種決済サービスの取扱いを希望する加盟店をアクワイアラーに取り次ぐ契約方式です。

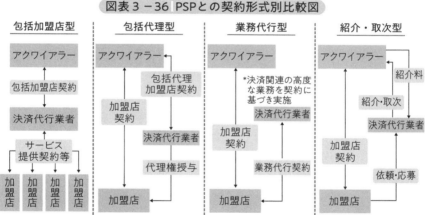

図表3－36　PSPとの契約形式別比較図

出所：経済産業省『割賦販売法の一部を改正する法律について』（2021年3月）をもとにアビームコンサルティング作成

　加盟店が複数のキャッシュレス決済サービスを導入する場合，PSPを利用することでさまざまなメリットを得ることができます。

　1つ目のメリットは，**複数の決済サービスを簡単に導入できる**ことです。PSPを介して決済サービスを導入する場合（特に包括加盟店契約の場合）は，一括契約で各種決済サービスを導入できるため，煩雑な契約処理にかかる時間・コストを削減できます。一方でPSPを介さない場合，加盟店は決済サービ

スに応じて個別にアクワイアラーとの契約を実施する必要があります。

　2つ目は，**入金処理に係る業務負荷を軽減できる**ことです。PSPを経由するとさまざまな決済手段で計上された売上金額が手数料を差し引いてまとめて入金されるうえ，会計データを会計ソフトと連動できるケースもあります。PSPを介さない場合は決済方法別の入金日で個別に計上が必要になるなど，煩雑になりがちな経理データの処理を簡素化できます。

　3つ目は，**PSPが提供するセキュリティサービスを利用できる**ことです。PSPはさまざまなセキュリティサービスを提供しており，そうしたサービスを利用できることがメリットです。たとえば，本人認証パスワードを利用する3Dセキュア，カード番号を別の文字列（トークン）に置き換えて行うトークン方式など，PSPによって採用しているセキュリティ方式に特徴があります。

　最後の4つ目は，**PSPが提供する決済システムを利用できる**ことです。加盟店がカード会社や電子マネー事業者などの決済事業者と契約を直接結んだ場合，各事業者のシステム仕様に対応した決済システムを自ら開発しなければなりませんが，PSPを経由した場合はPSPが提供する決済端末や決済システムを利用できるため，個別のシステム開発が不要になります。

（2）決済代行業者のビジネスモデル

　PSPの収益体系は，サービス利用開始時に得られる，導入や紹介に係る手数料と，サービス利用開始以降継続的に得られる決済手数料などで構成されていますが，より比重が大きいのは後者です。

　継続的に得られる手数料には，契約者が支払う「定額月次費用」，決済処理件数に応じて賦課される「トランザクション処理料」などがあります。

　各社が公表している決算説明会の資料等を見ても，PSPのビジネスにおいてより売上に貢献しているのは決済手数料などの収益であり，導入後，継続的に得られる手数料などの収入によってビジネスモデルが成り立っています。

（3）決済代行業者によるサービスの具体例

　代表的なPSPとしては，SBペイメントサービス株式会社，GMOペイメントゲートウェイ株式会社，株式会社DGフィナンシャルテクノロジー（VeriTrans4G），Square株式会社などが挙げられますが，決済代行を専業としている企業は多くありません。また，EC市場の拡大に伴ってオンライン決済中心のサービスを展開するPSPもあれば，店舗での決済を中心にサービスを展開するPSPも存在します。

　各社が均一のサービスを提供しているわけではなく，市場での競争優位を確保するために得意とする領域や独自の料金体系を作りあげ，新規顧客の獲得とリピートの拡大に取り組んでいます。

　たとえば，小規模な加盟店は資金繰りを安定させるために入金スピードと入金回数を重視するので，PSPによっては「スピーディな入金や複数回の入金を行う」サービスを展開しています。また，そうした小規模な加盟店は初期費用を極力抑えたいというニーズも根強く，複数のPSPが決済端末を無償で提供し

図表 3 - 37　PSP｜各種収益整理表

		概要	売上計上方法		主な対象先企業
フロー	初期導入費用	キャッシュレス決済導入に伴って発生する初期費用。サービスシステム初期費用，決済端末の導入費用などが該当。	係数 新規加盟店数 × 係数 ○円/導入時		自治体，中～大規模事業者
ストック	月額固定費	毎月定額でPSPに支払う費用。システム利用料，データ管理費用，運用サポート費用などが該当。	係数 稼働加盟店数 × 係数 ○円/稼働時		自治体，中～大規模事業者
ストック	トランザクション費用	ECサイトから送信された決済データを決済代行会社が処理する際にかかる費用。	係数 決済処理件数 × 係数 ○円		自治体，中～大規模事業者
ストック	決済手数料	決済手段ごとに料率が設定される。1件○円，金額×○％のいずれかのパターンで徴収される。	係数 決済処理件数/金額 × 係数 ○円/○％		自治体，中～大規模事業者，小規模事業者，個人事業主

出所：各社決済代行業者の公開情報をもとにアビームコンサルティング作成

ています。

　他にもレッスンスクールなど，月謝を徴収する事業者に向けて予約受付サービスの提供や月謝の集金まで行うサービス，飲食店に予約と同時に支払いが完了し，店舗の当日キャンセルを防止するサービスなども存在します。

　リアルな店舗のみならず，ECサイト向けのサービスも展開されており，「メールリンク/SMS決済」，「継続課金決済への対応」が昨今のトレンドです。「メールリンク/SMS決済」は，EメールやSMSで決済用URLリンクを顧客に送付するサービスで，手間のかかる登録作業などを減らすため，ECサイトを中心に活用が進んでいます。「継続課金決済への対応」は継続的な月額課金，利用料に応じた従量課金，お試し期間終了後の自動課金開始など複雑な決済システムを通じた処理を行うもので，加盟店から広く支持を得ています。

　さらに，決済に留まらない付加価値の提供を行うPSPも人気を博しています。たとえば，購買データをマーケティングに活用したり，ECサイトでの購入の際に配送サービスを提供したりするというサービスも加盟店がPSPを選ぶ際の観点になっています。

　PSPは多様なサービス展開をしていることから，加盟店がPSPを選択する際には，自身のビジネスモデルに即したサービス展開をしているPSPと契約する必要があります。

（4）決済代行業者の課題と展望

　決済サービスは機密性が高く，ひとたび顧客情報が流出すると莫大な金銭的な被害やブランドレピュテーションの毀損をもたらす可能性があるため，セキュリティ保全がPSPの重要課題となっています。

　たとえば，「個人情報の漏洩防止」はPSPが必ず対処しなければならない事象ですが，過去には偽の決済画面に誘導するようシステムが改ざんされ，偽の決済画面からクレジットカード番号，名義人名，有効期限，セキュリティコードが漏えいした事案や，決済データセンターサーバー内のアプリケーションに対して不正アクセスが行われ，クレジットカード番号，有効期限，氏名，電話

図表3－38 PSP｜導入サービス対応/非対応表

企業/業界例	求められる決済方式	提供サービスとその特徴	STORES	Square	Veritrans	ROBOT PAYMENT	GMO ペイメント
定期的な支払いが生じる業界 *レッスンスクール/学習塾など	継続課金 *定期/従量課金設定	一定間隔で課金時期/金額を指定し，自動的に課金処理を実施。	対応	対応	対応	対応	対応
都度払いが前提の業界 *食品・日用品などの物販EC，飲食店/エステなど	都度課金	商品購入/サービス利用時に都度決済処理を実行する。	対応	対応	対応	対応	対応
リピート支払いが多い業界 *予約販売サイトなど	ワンタッチクリック課金	初回決済時にクレジットカードの情報やパスワードを保管し，2回目以降に入力が不要となるサービスを展開。			対応	対応	対応
オンライン接客で契約する業界 *B to Bオンライン商談など	リンク決済	開発/HP不要でメールやSMSで送信できる決済リンクを発行するサービス。	対応	対応	対応	対応	対応
自社会員DBに決済機能を組み込みたい企業 *大規模ECサイトなど	API型決済	SSLサーバーを介しPSPが決済処理を実行するサービス。自社DBとの連携が可能。			対応	対応	対応

出所：ORENDほか，2023年9月12日時点における各種公開情報をもとにアビームコンサルティング作成

番号，メールアドレス，住所などが漏えいした事案などが発生しています。

情報漏洩とならび，不正利用・不正請求被害の防止にも取り組まなければなりません。不正利用，不正請求の実例として，「利用した覚えのないサイトから利用料を請求された」，「倍額以上の請求を受けた」などの被害が発生しています。国内アクワイアラーや国内PSPの審査であれば，通常排除されるような

悪質なネット事業者が，海外のアクワイアラーと契約したPSPを経由して，商品代金・利用料金を消費者に請求するケースが複数確認されています。

　このような場合，消費者がイシュアーに苦情を申し立てても，イシュアーとネット事業者との間に直接の契約関係がなく，海外アクワイアラーやPSPを経由した交渉が難航するなど，被害者救済を阻むケースがあります。他にも消費者がネット事業者に苦情を申し立てようとしても連絡がつかず，他方，カード決済を取り消そうとしてPSPに連絡しようとしても連絡先がわからないことが多いのが実情です。

図表3－39　悪質なネット事業者による不正請求発生イメージ図

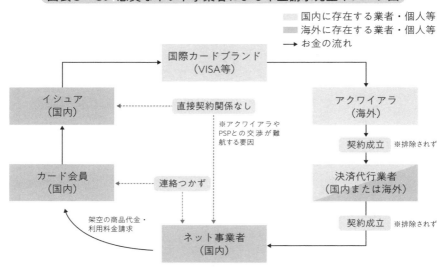

出所：内閣府『決済代行業者を経由したクレジットカード決済によるインターネット取引の被害対策に関する提言』（2010年10月22日）をもとにアビームコンサルティング作成

　内閣府は「特定商取引法の規定を見直し，通信販売業者の表示義務事項として，決済代行業者を経由した決済である旨や当該事業者の連絡先などを追加する措置を講じること」などを本件課題に必要な対策として提示しています。

　実際にクレジットカード不正利用被害額は過去比で増加傾向にあり，2022年

度は過去最大の430億円超えを記録しています。キャッシュレス決済の推進に伴い，不正利用もその深刻さを増しており，多くの加盟店を取り込むためにもキャッシュレス決済不正利用対策の重要性は今後さらに増していきます。

　このようにセキュリティ面では一定の課題があるものの，キャッシュレス決済推進に対する政府の方針や消費者ニーズの高まり，EC市場の成長（**図表3-40**）などの事情に鑑みると，PSPのビジネスチャンスは引き続き拡大していくことが予想されます。

図表3-40　BtoC｜EC市場の規模推移（単位：億円）

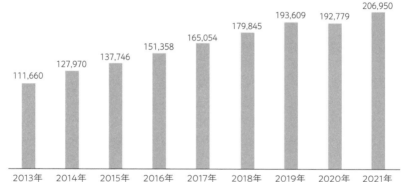

出所：経済産業省『電子商取引に関する市場調査の結果を取りまとめました』（2022年8月12日）をもとにアビームコンサルティング作成

　PSPは，どのビジネスにとっても不可欠な「決済」を担う存在であり，キャッシュレス決済を導入したいさまざまな業界から広く求められています。また，PSPごとに差別化が進む昨今では，業界・業種ごとのニーズを察知して必要なサービスを的確に提供することも求められています。BNPLをはじめ比較的新しいトレンドを多くのPSPがすでに取り込んでいることからも，PSPには継続的な市場トレンドのリサーチや，求められる要件のスピーディな実現が求められます。

　今後PSPとして決済代行に参入し，シェアを維持・拡大していくために必要

なのは，時流に乗っているトレンド業界・業種を見抜き，彼らにとって必要な
サービスをスピーディに提供するという「差別化されたサービスのスピーディ
な展開」と「高いセキュリティ対策を通じた安心・安全な決済の提供」を高い
レベルで両立することにあります。

第**4**章
押さえておきたい最新の決済トピックス

(1) Embedded Finance（組込型金融）

（1）Embedded Financeとは

Embedded Financeの概念

　Embedded Finance（**組込型金融**）とは，非金融事業者（Brand）が自社サービスに，金融機関（License Holder）の金融サービスを組み込み，提供するものです。

　非金融事業者と金融機関は，API（Application Programming Interface）等を介して連携を行い，金融サービスを提供できるようにします。非金融事業者は，金融機関と連携するために，システム等のプラットフォームを提供する企業（Enabler）を介して連携するケースと，自社でシステムや事務体制を内製化し直接金融機関と連携するケースとがあります。

　Embedded Financeは利用者に提供するサービスの形態であることに対し，BaaS（Banking as a Service）はそれを支える預金・貸出・為替といった銀行の基本機能をAPI等を通じ非金融事業者に提供する，銀行側のサービス形態です。

　利用者は，普段利用しているサービスからシームレスに金融サービスを利用

できます。

　一方で，金融機関は，BaaS金融サービスを提供する対価として，非金融事業者を介した新規顧客獲得や非金融事業者からの手数料収益等を得ることができます。

　加えて，非金融事業者は，独自に金融商品・サービスの取扱免許を取得することなく，自社サービスにて金融商品・サービスの提供ができます。自社サービスの利便性向上による顧客の囲い込み，自社サービスと金融サービスとのクロスセルによる売上高向上を図ることができます（図表4－1）。

図表4－1 Embedded Financeの概念図

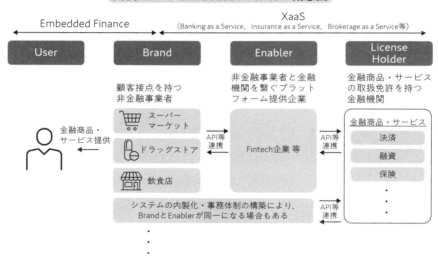

出所：アビームコンサルティング作成

Embedded Finance拡大の背景

　Embedded Finance拡大の背景には，銀行法改正や金融サービス仲介に関する法律の施行があります。**2018年6月の銀行法改正**では，金融機関に対し，**オープンAPI**（Application Programming Interface）に係る体制整備の努力義

務が課され，オープンイノベーション推進に向けての基盤が構築されました。

　また，2021年11月に施行された**金融サービスの提供に関する法律**（金融サービス提供法）では，銀行・証券・保険のすべての領域において，１つのライセンス登録で，ワンストップでの金融サービス仲介が可能になり，Embedded Finance拡大の下地が整いました。

　Embedded FinanceはFinTechの潮流の１つと捉えられますが，その変遷は，大きく３つの段階に分けられます。

　第一段階は，**決済や融資，投資等の金融サービスを，金融機関内ですべて包括して提供**するものです。

　第二段階はFinTech企業による，**決済機能や融資機能等，得意領域に特化したサービスの分解**による提供です。FinTech企業は，UX重視のサービスを提供しましたが，金融機関もUX重視でサービスを見直す機運が高まり，利用者の利便性を競う環境になりました。ただし，金融ニーズ保有者が金融サービスにアクセスすることが前提であったため利用者は限られていました。

　第三段階は，第二段階で**分解された金融機能を，非金融業のサービスと組み直して提供**するものです。非金融事業者の顧客接点を利用して，日常生活で生じた金融ニーズをくみ取ることができる自然な利用動線を作ることが可能です

図表４－２ Embedded Financeの変遷

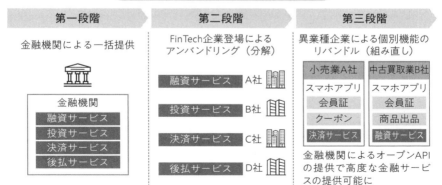

出所：アビームコンサルティング作成

（図表4－2）。

（2）最新動向

▌日本

　Embedded Financeは決済，預金，融資，保険，証券等の多岐の分野にわたりますが，特に親和性が高いとされている分野が**決済**と**保険**であり，決済の取組み事例はすでに国内に多数あります。非金融事業者のアプリに決済機能を組込むことにより，利用者のUXを高め，満足度向上に繋げられるため，第2章の2にて記載したBank Payの事例も含む，多くの非金融事業者が取り組んでいます（図表4－3）。

図表4－3　決済分野におけるEmbedded Financeの取組事例

提供金融サービス	サービス名称	サービス提供企業
クレジット，プリペイド	Famipay	株式会社ファミリーマート
クレジット	Lu Vitカード	株式会社バローホールディングス
クレジット，プリペイド	MUJI passport Pay	株式会社良品計画
プリペイド	おさいふHippo	株式会社クリエイトエス・ディー
プリペイド	吉野家プリカ	株式会社吉野家ホールディングス
クレジット，デビット	ヤマダPay	株式会社ヤマダデンキ
プリペイド	コーナンPay	コーナン商事株式会社

出所：各社ウェブサイトの情報をもとにアビームコンサルティング作成

▌海外

　海外でもEmbedded Financeは多数の取組み事例があります。まず，世界で先駆けてEmbedded Financeへの取組みを実施した米国のApple Cardの事例を紹介します。Apple CardはiPhoneのアプリで発行するクレジットカードの機能を保有したバーチャルカードであり，2019年に提供が開始されました。

　Apple Cardの特長は，**支払履歴の可視化や返済等に関するUX**にありました。

決済処理や利用枠，明細管理といった機能をGoldman SachsがAPI経由でBaaSとして提供することで，Appleは独自のUXに注力できました。

　結果としてApple Cardは，米国クレジットカード市場で急拡大しました。また，2023年4月にはApple Card利用者への預金口座サービスもGoldman Sachsによって提供が開始されています。投資銀行であり個人向けの支店網を持っていないGoldman SachsにとってはEmbedded Financeにより，個人部門への進出を果たしたものと言えます。

　次に米国Walmart Money Cardの事例を紹介します。Green Dotはデビットカードとプリペイドカード発行を核として成長してきた銀行であり，自社発行カードの販売に注力してきましたが，FinTech企業の買収を契機に，BaaS提供の取組みを開始しました。そのBaaSの初期提供先がWalmartのWalmart Money Cardです。Walmart Money Cardは，Visa，Mastercardの国際ブランドのプリペイドカードになります。Walmart経済圏での決済やカード加盟店での決済，米国を網羅するATM網での入出金，利用者間送金や給与受け取り，残高不足時の少額のローンに利用できます。Green Dotはオンラインでのカード発行や店頭でのカード配布，カスタマーサービス，紛失管理等の業務をBaaSにより提供しており，金融サービスを支えています。

　最後に東南アジア最大の配車アプリGrabの事例を紹介します。タイのGrabは大手行のカシコン銀行からBaaSの提供を受けており，決済サービスGrab Pay Walletを提供しています。Grab Pay Walletの利用に際して，口座サービスや資金移動において，カシコン銀行のバンキングアプリ「K PLUS」の利用や利用者のK PLUS口座にGrabがAPIでアクセスすることへの同意を求められるようになっており，APIを活用したBaaSを実現しています。

　タイでGrabを利用する際，その過程で発生した資金の流れは全てカシコン銀行によって処理されることになります。このようにカシコン銀行は，BaaSの提供によってタイのGrab経済圏での資金の流れを取り込んでいます（**図表4－4**）。

図表 4 - 4 Embedded Financeの決済における海外の取組事例

国	金融機関	サービス提供企業	提供金融サービス	サービス名称
米国	Goldman Sachs	Apple	クレジットカード，預金	Apple Card, Apple Card Savings
米国	Goldman Sachs	JetBlue	BNPL	MarcusPay
米国	Green Dot	Walmart	プリペイドカード	Walmart Money Card
米国	Cross River Bank/Celtic Bank	Amazon	BNPL	Amazon Pay Later
タイ	カシコン銀行	Grab	ウォレットサービス	Grab Pay Wallet
インド	TATA Capital	Flipkart	BNPL	Flipkart Pay Later

出所：各社ウェブサイト等の情報をもとにアビームコンサルティング作成

（3）課題と展望

▌課題

　Embedded Financeの普及に向けた課題は，金融サービス導入時と導入後の課題に分けられます。

　導入時の課題として，非金融事業者の不正取引対策が挙げられます。金融機関はマネー・ロンダリングやテロ資金供与等の金融犯罪防止のために，顧客管理や取引のモニタリング等を金融庁が発行するガイドライン等をもとに総合的に対策しています。しかし，非金融事業者は今まで金融サービスを提供したことがないため，これらの不正取引対策に関する十分なノウハウに欠ける場合が多く，ノウハウを蓄積する金融機関と伴走して不正対策への取組みが課題解決に向けて必要になります。また，Embedded Financeを導入する非金融事業者のデジタル人材の不足も挙げられます。デジタル庁はデジタル人材の育成・確保を政策として打ち出していますが，一定の時間がかかると想定されます。

　導入後の課題としては，UX向上による利用拡大が挙げられます。顧客起点でのサービス構築により，自社サービスの購買行動のなかで金融サービスが利用される動線を作り，金融サービスの利用を拡大させることが重要になります。

導入した金融サービスの利用拡大により，金融収益獲得に結びつけることができるからです。

　そのような金融サービス提供の動線を作るには，金融サービスを導入する**非金融事業者の知見**とアプリ等のUXを構築する**FinTech企業の知見**が必要です。UX向上による利用拡大は先ほど紹介したWalmartの事例が参考になります。Walmartでは，投資会社Ribbit Capitalと戦略的パートナーシップを締結しており，共同で財務を総合的に管理するオールインワンの金融サービスアプリを提供するFinTech企業Hazelを設立しており，金融知見者の採用を早くから進めています。このように金融サービスを導入するWalmart，FinTech企業，加えて金融の知見を揃えて，金融サービス提供の動線を構築しています。

▌展望

　利用者の行動の動線に最も近い金融サービスは決済になります。商品・サービスを購入すると必ず代金支払いが行われるため，他の金融サービスに比べて利用頻度が高くなります。従来の現金での支払方法が現金よりも利便性の高いEmbedded Financeで提供される決済方法に置き換わるだけなので，利用者の受容性も高いと考えられます。

　実際にアビームコンサルティング株式会社では，「Embedded Financeに対する顧客意識のアンケート調査」（2022年12月）を国内に居住する16歳以上の個人3,396名を対象に実施しています。本アンケート調査では，17業種の商品・サービスの購買経験がある回答者[1]に対して，業種別にEmbedded Financeによる金融サービスの利用意向を調査したものです。どの業種もキャッシュレス決済（QRコード決済）は50％前後，BNPLでも30％前後の高い利用意向があ

1　各業種における回答者数（n値）は以下のとおり。
スーパーマーケット：3,246，コンビニ：3,192，ドラッグストア：3,204，外食：3,147，インターネットショッピング・通販：3,011，ガソリンスタンド：2,577，病院・クリニック：3,099，家具・ホームセンター：3,093，百貨店・デパート：2,970，レンタカー・カーシェア：1,087，タクシー：2,871，家電量販店：3,177，アパレル：2,798，旅行代理店・宿泊：2,549，航空：2,362，自動車・バイク：2,548，住宅メーカー・不動産会社：1,981

図表4−5　業種別Embedded Financeのサービス利用意向

購買頻度：多い　　　　　　　　　　　　　　　　　　　　　　　　購買頻度：少ない
購買単価：安い　　　　　　　　　　　　　　　　　　　　　　　　購買単価：高い

		1 スーパーマーケット	2 コンビニ	3 ドラッグストア	4 外食	5 インターネットショッピング・通販	6 ガソリンスタンド	7 病院・クリニック	8 家具・ホームセンター	9 百貨店・デパート	10 レンタカー・カーシェア	11 タクシー	12 家電量販店	13 アパレル	14 旅行代理店・宿泊	15 航空	16 自動車・バイク	17 住宅メーカー・不動産会社
決済	キャッシュレス決済	61%	63%	62%	59%		57%	50%	51%	49%	47%	46%	55%	52%	51%	49%		
	後払い決済	30%	30%	29%	28%	35%	30%	25%	27%	25%	27%	22%	28%	26%	28%	28%		
貯蓄・投資	資産形成サービス	21%	20%	20%	19%	22%	20%	18%	18%	18%	21%	15%	19%	18%	20%	20%		
ローン	一定額まで自由に借入ができるローン	15%	14%	14%	13%	15%	14%		13%	11%	15%	10%	13%	12%	13%	12%		
	目的別ローン						14%	15%	14%			16%	14%	15%	15%		16%	15%
保険	医療保険				22%				20%			21%	20%					
	キャンセル保険				25%										34%	34%		
	旅行傷害保険														46%	45%		
	損害保険・賠償保険					32%			29%	27%	42%		32%	25%			42%	41%

注：業種別の各組込金融サービス利用意向について，「利用したい」および「どちらかといえば利用したい」と回答された割合の合計値を記載したもの（質問対象外の金融サービスは空白）

出所：アビームコンサルティング（2022）「Embedded Financeに対する顧客意識のアンケート調査」

ることがわかります（**図表4-5**）。

　また，Embedded Financeのキャッシュレス決済は，若年層だけでなく，幅広い年代で高い利用意向があります（**図表4-6**）。

図表4-6 年代別Embedded Financeのサービス利用意向

		全体 (n=3,396)	年代別					
			20代以下 (n=127)	30代 (n=323)	40代 (n=760)	50代 (n=1,053)	60代 (n=763)	70代以上 (n=370)
決済	キャッシュレス決済	69%	72%	73%	73%	70%	67%	54%
	後払い決済	36%	40%	33%	35%	36%	38%	31%
貯蓄・投資	資産形成サービス	27%	39%	37%	28%	29%	23%	14%
ローン	一定額まで自由に借入ができるローン	19%	32%	21%	19%	19%	18%	9%
	目的別ローン	21%	33%	25%	23%	21%	21%	12%
保険	医療保険	25%	40%	35%	24%	25%	24%	15%
	キャンセル保険	32%	44%	37%	33%	34%	29%	19%
	旅行傷害保険	38%	39%	38%	37%	38%	40%	34%
	損害保険・賠償保険	44%	52%	49%	45%	45%	43%	34%

注：各組込金融サービス利用意向について「利用したい」および「どちらかといえば利用したい」と回答された割合の合計値を記載したもの
出所：アビームコンサルティング（2022）「Embedded Financeに対する顧客意識のアンケート調査」

　Embedded Financeの決済分野は，幅広く高い利用者ニーズがあることから，非金融事業者がプラットフォーム提供事業者および金融機関と先述の課題を解決していくことにより，いっそうの利用拡大が期待されます。

2　給与デジタル払い

（1）給与デジタル払いとは

▌給与デジタル払いの概念

　給与デジタル払いとは，企業が労働者に対して，現金払いや銀行口座・証券総合口座への振込ではなく，資金移動業者のアカウントへの送金によって給与を支払う仕組みです。

　日本では1947年に制定された労働基準法において，給与支払い方法が法律で定められており，企業は労働者に対して，①通貨で，②直接，③全額を，④毎月1回以上，⑤一定の期日を定めて，給与を支払わなければならないと規定されています。

　これらは「賃金支払いの5原則」と呼ばれ，給与支払いは現金払いが原則となっていますが，労働基準法施行規則の改正により，1975年には銀行口座への振込による支払い，1998年には証券総合口座への振込による支払いが，労働者が同意した場合に限り例外として認められるようになり，現在では銀行口座への振込による支払いが最も一般的となりました。

　そうしたなか，2023年4月の労働基準法施行規則の改正により，**労働者が同意した場合の例外として追加される形で**，資金移動業者のアカウントへの送金による給与支払いが認められることになり，給与デジタル払いが解禁されました（**図表4-7**）。

▌給与デジタル払い解禁までの経緯

　日本における給与デジタル払いに関する議論は，2017年12月の国家戦略特区ワーキンググループや2018年3月の国家戦略特別区域会議において，東京都等が銀行口座の開設が困難な外国人労働者向けにペイロールカードへの賃金支払いを可能とする規制緩和を提案したことから始まりました。ペイロールカード

図表4−7　給与デジタル払いの概念図

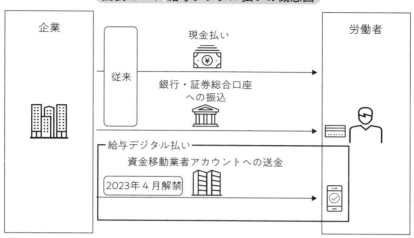

出所：厚生労働省「資金移動業者の口座への賃金支払（賃金のデジタル払い）について」等
をもとにアビームコンサルティング作成

とは，企業が従業員の給与や諸手当の振込を行うことを目的として発行するプ
リペイドカードの一種であり，従業員はこのカードを利用して買い物や各種支
払い手続き，現金の引き出し等を行うことが可能になります。

　政府が国内のキャッシュレス化に向けた取組みを強化するなか，ペイロール
カードをめぐる議論は，キャッシュレス化の推進策として労働者全体の給与デ
ジタル払いに関する議論へと発展していき，2018年12月の国家戦略特別区域諮
問会議において，資金移動業者の口座への給与支払いについて早期の制度化を
目指す方針が示されたほか，2019年以降に策定された政府の「成長戦略フォ
ローアップ」においても同様の方針が示されました。

　こうした方針を受けて，2020年8月から厚生労働省の労働政策審議会労働条
件分科会において，資金移動業者の口座への給与支払い導入に向けた具体的な
議論が進められ，2021年4月には「資金移動業者の口座へ賃金支払を行う場合
の制度設計案（骨子）」が示されました。しかし，資金移動業者は銀行等と比
べて規制が比較的厳しくないことから，労働者保護のための対応が不十分であ

るとの声が根強く，労働基準法施行規則の改正は先送りされました。

　その後も労働者保護の観点等を中心に検討が進められ，2022年9月，厚生労働省は労働基準法施行規則（2022年改正案）を公表し，2023年4月に労働基準法施行規則（2022年改正）が施行，給与デジタル払いが解禁されました（**図表4－8**）。

図表4－8　給与デジタル払い解禁までの経緯

年月	会議体・文書	内容
2017年12月	国家戦略特区ワーキンググループ	・東京都と株式会社WORK JAPANが，外国人労働者向けにペイロールカードへの賃金支払いを可能とする規制緩和を提案
2018年3月	国家戦略特別区域会議	・東京都がペイロールカードへの賃金支払いを提案
2018年12月	国家戦略特別区域諮問会議	・資金移動業者の口座への給与支払いについて，早期の制度化を目指し，関係団体等との協議・検討を行う方針を表明
2019年6月	成長戦略フォローアップ（2019年）	・「2019年度のできるだけ早期に制度化を図る」こととして閣議決定
2020年7月	成長戦略フォローアップ（2020年）	・「2020年度のできるだけ早期に制度化を図る」こととして閣議決定
2020年8月	厚生労働省労働政策審議会（労働条件分科会）	・資金移動業者の口座への給与支払いについて検討開始
2021年4月	厚生労働省労働政策審議会（労働条件分科会）	・「資金移動業者の口座へ賃金支払を行う場合の制度設計案（骨子）」を提示
2022年9月	労働基準法施行規則（2022年改正案）	・給与デジタル払いを取り扱える事業者の要件や対応事項等を提示
2023年4月	労働基準法施行規則（2022年改正）	・給与デジタル払い解禁

出所：各種報道資料等をもとにアビームコンサルティング作成

給与デジタル払いを行うための条件

　現在，資金移動業者は資金決済法において第一種から第三種まで3つの類型に区分されています。第一種資金移動業者は，送金額の上限がない一方で，送金額や送金日，送金先が決まっていない資金の受入はできません（資金滞留不可）。第二種資金移動業者は，1件当たり100万円相当額以下の送金，および資金滞留が可能です。第三種資金移動業者は，1件当たり5万円相当額以下の送金，および資金滞留が可能です。これらのうち，給与デジタル払いについては，送金額の上限や資金滞留の可否等を踏まえて，第二種資金移動業者のみが取り扱えることとされています。

　加えて，第二種資金移動業者が給与デジタル払いを取り扱うためには，労働基準法施行規則が定める8つの要件を満たした上で，厚生労働大臣の指定を受ける必要があります（**図表4-9**）。

　指定要件は，主に労働者保護や労働者の利便性向上，手数料負担の軽減等を企図して規定されています。

　まずは労働者保護の観点から，**口座残高の上限額を100万円以下に設定するか，または給与デジタル払いによって口座残高が100万円を超えた場合には，当日中に超過分を労働者が指定する銀行口座もしくは証券総合口座に送金する**ことが求められます（①）。労働者は超過分を受け取るための銀行口座等を開設している必要があるため，労働者の利便性や金融包摂という点ではやや課題が残る仕組みとなりましたが，これは労働者保護を優先したものといえます。

　次に，労働者の賃金の資金保全への対応として，**資金移動業者の破綻時の保証（②）**と，**不正等により労働者の帰責事由なくして口座に損失が生じた場合の補償（③）**の要件が設けられています。保証の仕組みは，資金移動業者が破綻した際に保証機関を通じた救済スキームを講じる場合，資金移動業者にかかる破産手続開始の申立等が行われた上で，労働者による資金移動業者または保証機関への弁済請求から6営業日以内に，労働者の口座残高全額を保証する仕組みを設けることとなっています。これにより，労働者は比較的短期間で金銭の保証を受けることができます。

図表4-9 給与デジタル払いにおける資金移動業者の指定要件

項目	内容
① 口座残高の上限	・賃金支払いにかかる口座残高の上限額を100万円以下に設定していること，または100万円を超えた場合でも速やかに100万円以下にするための措置を講じていること
② 破綻時の資金保全	・破綻等により口座残高の受取が困難となった時に，労働者に口座残高の全額を速やかに弁済することを保証する仕組みを有していること
③ 不正取引時の補償	・労働者の意に反する不正な為替取引その他の当該労働者の責めに帰すことができない理由により損失が生じた時に，その損失を補償する仕組みを有していること
④ 口座残高の有効期限	・最後に口座残高が変動した日から，特段の事情がない限り，少なくとも10年間は労働者が口座残高を受け取ることができるための措置を講じていること
⑤ 口座への資金移動	・賃金支払いにかかる口座への資金移動が1円単位でできる措置を講じていること
⑥ 口座からの資金移動	・ATMを利用すること等により，通貨で，1円単位で賃金の受取ができ，かつ少なくとも毎月1回はATMの利用手数料等の負担なく賃金の受取ができるための措置を講じていること
⑦ 当局への報告体制	・賃金支払いにかかる業務の実施状況および財務状況を適時に厚生労働大臣に報告できる体制を有すること
⑧ 技術的能力・社会的信用	・賃金支払いにかかる業務を適正かつ確実に行うことができる技術的能力を有し，かつ十分な社会的信用を有すること

出所：厚生労働省「資金移動業者の口座への賃金支払（賃金のデジタル払い）について」等をもとにアビームコンサルティング作成

　また，労働者の口座は，最後の取引日から，特段の事情がない限り**少なくとも10年間は利用可能な状態を維持しなければならない**とされています（④）。金融機関の預貯金口座は10年間取引がなかった場合に休眠口座となりますが，給与デジタル払いの受取口座にも同等の期間が設定されることで，従来の銀行口座等での給与受取と同等の保護が図られています。

　加えて，**賃金を1円単位で資金移動業者の口座に移動させることができる**こととともに（⑤），**少なくとも月1回はATM等から手数料無料で出金できる**こ

とも求められます（⑥）。これらは，労働者の利便性向上や手数料負担の軽減を企図したものです。

　最後に，**財務状況等を厚生労働大臣に適時報告できる体制を有する**ことが資金移動業者および資金移動業者と契約する保証機関に求められるとともに（⑦），資金移動業者には**業務を適正かつ確実に行うことができる技術的能力と社会的信用を有する**ことが求められます（⑧）。

　なお，実際に給与デジタル払いを行うにあたって，企業は労働者が銀行口座等への振込も選択できるようにするとともに，労使協定の締結に加え，**労働者への十分な説明や希望する労働者からの同意書の取得等**が必要となります。

（2）日本・海外での最新動向

▌日本における最新動向

　2023年4月の給与デジタル払い解禁を受けて，資金移動業者数社が厚生労働大臣に指定申請したことを公表しています。PayPay株式会社や楽天Edy株式会社，auペイメント株式会社等が，それぞれ「PayPay」，「楽天キャッシュ」，「au PAY」等での給与受取を可能とするよう指定申請したことを公表しました。一方で，指定申請した後に厚生労働省で実施される審査に数カ月の期間を要すること等から，2024年2月時点では指定を受けている資金移動業者は未だ存在していません。

▌海外における最新動向

　海外でも給与デジタル払いの動きは活発であり，アメリカでは，ペイロールカードによる給与支払いが普及しています。ペイロールカードによる給与支払いは各州の法規によって利用可否が異なりますが，認可されている州であれば，企業は銀行口座を持たない従業員に対してもカードを発行することができ，従業員もペイロールカードを利用して買い物や各種支払い手続き，現金の引き出し等を行うことができるため，特に銀行口座を持たない労働者からの需要が高

く，VisaやMastercardといった国際ブランドが発行するペイロールカードの利用者数は数百万人に及んでいます。

　また，中国では，中国人民銀行が発行するCBDC（中央銀行デジタル通貨）であるデジタル人民元で給与を支払う動きが出ています。2023年3月から，地方銀行の江蘇銀行では，本支店の職員に対して給与をデジタル人民元で支払っており，江蘇省蘇州市に属する常熟市（省直下の市より小さい県レベルの市）でも，2023年5月から公務員や国有企業従業員の給与を全額，デジタル人民元で支払っています。江蘇省はデジタル人民元の実証実験で先行する地域の1つとなっており，こうした給与デジタル払いの動きには，正式発行に向けてデジタル人民元の普及を促進したい狙いがあるとみられています。

（3）給与デジタル払いの課題と展望

▌課題

　給与デジタル払いの普及に向けた課題として，給与支払いを行う企業側の負担が挙げられます。企業が給与デジタル払いを導入するにあたっては，給与規定や事務フロー改定等の事務手続き整備のほか，経理や人事・給与システムの改修等が必要になります。

　また，従来の現金払いや銀行口座等への振込による給与支払いと資金移動業者のアカウントへの送金による給与支払いの二重運用，および給与デジタル払いを希望する従業員に対しては各人のニーズに応じて送金先や金額等を調整する必要が生じることから，給与支払いの管理が煩雑化し，経理担当部門の事務負担が増加します。

　給与デジタル払い導入による企業側のメリットとしては，給与受取方法について多様な選択肢を従業員に提示することで，従業員のエンゲージメント向上や幅広い人材の獲得に寄与すること等が期待されますが，事務手続きやシステム対応コストの負担を勘案すると，給与デジタル払い導入に向けて積極的に動く企業は限定的になることも想定されます。

▍展望

　給与デジタル払いは，従業員や資金移動業者にとってはメリットがあると考えられます。まず従業員にとって，普段の支出を資金移動業者の決済アプリで行い，またATM現金チャージなど手間のかかる方法で入金を行っている場合には，給与が直接入金されることで日常的な決済の利便性が向上するでしょう。

　次に，資金移動業者にとっては，消費者の生活における資金源泉である給与の受け皿となることで，自社アプリの利用拡大，自社またはグループが提供する資産運用・保険等の金融領域や生活関連等のさまざまなサービスへ消費者を誘導することによる収益機会の拡大等が期待されるとともに，自社アプリへのチャージにかかるコスト負担を給与支払い企業側に転嫁することで，コスト構造を改善できる可能性も考えられます。

　足許では，給与デジタル払いの導入に向けた企業や資金移動業者の動向は不透明な状況ですが，今後，従業員の給与デジタル払い利用ニーズや，キャッシュレス決済への社会的ニーズのさらなる高まりが，企業の給与デジタル払い導入を後押しする可能性は考えられます。

　給与デジタル払いによって，消費者の資金の「入口」である給与受取方法の選択肢が広がり支払手段と直接紐づくことで，キャッシュレス決済のさらなる拡大に資する事が期待されます。

3 BNPL（Buy Now, Pay Later）

（1）BNPLとは

▍BNPLの概念

　BNPL（Buy Now, Pay Later）は，「今買って，後で支払う」を意味する支払い手法の1つで，利用者が商品やサービスを購入した際に，その支払いを後日に分割または一括で行うことができる決済方法です。BNPLは，クレジット

カードやローンとは異なり，与信審査が不要または簡易的となっており，分割手数料が無料の場合が多いなどの特徴があり，特定の商品やサービスに対して柔軟な支払い条件を提供するために導入が進んでいます。

BNPLを選択するメリットとして，**利用者にとってはクレジットカードや銀行口座が無くても利用が可能**で，手軽に後払いや分割払いの選択ができることであり，たとえば専業主婦（主夫）や学生といったクレジットカードを持っていない利用者でも，支払いの選択肢が広がり従来よりも手軽にインターネットショッピングなどを利用できます。また，個人情報漏えいのリスクを恐れてクレジットカード情報を登録するのが不安な場合にも，BNPLでは買い物をする際にクレジットカード情報などの入力が不要なため，安心して買い物ができます。

EC事業者などのBNPL加盟店にとっては，支払いの選択肢の１つとして後払いを用意することで，従来クレジットカードを利用できなかった若年層などに顧客層を拡大できることや，BNPL事業者が購入代金を立替えるため，代金未回収のリスクを軽減できるなどのメリットが挙げられます。

一方，BNPLのデメリットとして，利用者にとっては商品購入時に支払いが不要なため自身の支払い能力以上に利用してしまうことや，分割払いできないサービス，手数料が必要なサービスに気づかずに利用してしまうといったリスクが伴います。またBNPL導入加盟店にとっては，決済代行手数料を負担する必要があることなどが挙げられ，同手数料はBNPLサービス事業者によって異なりますが，概ね販売額の７〜12％であり，BNPLを利用した売上が増えるほど，手数料負担が増えることに注意が必要です。

▌BNPLの仕組み

BNPLはECサイトを中心に導入が進んでおり，利用者は商品を購入し自宅に届いた後，商品に同梱または後日郵送で届く請求書を指定された日までにコンビニや銀行に持ち込んで支払いを完了しますが，この支払いまでの期間，BNPLの多くの場合，利用手数料や金利は不要で提供されることが一般的です。

請求書が紙ではなくスマートフォンに送られて来るQRコードの場合も多くあります。

　BNPLが支払い手段として利用された場合，BNPL事業者がECサイトや店舗などの加盟店に決済代金の立て替えを行い，利用者への請求を代行する代わりに，加盟店は決済代行手数料を負担します。支払い方法が分割払い利用の場合は，BNPL事業者が利用者の与信審査を行う場合もありますが，審査はクレジットカードなどよりも簡便なケースが多く，利用開始時には決済限度額が少額に抑えられている場合でも，利用者の購入履歴や返済履歴などに応じて決済限度額や分割払い回数上限の引き上げなどの見直しが行われます。

　BNPL事業者は，利用者がBNPLを選択するメリットを提供するために，支払い方法や分割払いの回数を変更することができるオプションを用意したり，BNPL利用時に特別な割引などを提供したりしています。BNPLはまだ導入間もない決済サービスのため認知度も比較的低いことから，BNPL事業者はさまざまな利用拡大施策を通じて，決済代行手数料などの収益機会の拡大を模索しています。

図表4－10　BNPLの仕組み

（2）日本・海外での最新動向

日本のBNPL市場動向

　日本のBNPL市場は，ECサイトを中心に導入が進んでいます。BNPL市場の成長の背景には，若年層の消費行動の変化が主な要因となっていると言われ，クレジットカードを持っていない，またはクレジットカードを持ちたくないと

いう若年層の志向が一因と考えられます。また，コロナ禍の中，宅配業者との対面手続きを避けるため代引きからBNPLへの移行が進むなどしたことも市場拡大を後押ししていると考えられます。

┃海外のBNPL市場動向

　BNPLは，日本よりも海外で先行して普及しており，欧米諸国を中心に決済系フィンテック企業が事業を拡大しています。欧米ではBNPLの登場により，利用者個人に分割支払い手数料や利息がかかるクレジットカードなどの他の決済方法からBNPLへのシフトが進んでいると言われます。

　海外ではたとえば，米国のAffirm，スウェーデンのKlarna，オーストラリアのAfterpayなどのフィンテック企業が，オンラインショッピングプラットフォームや小売店と提携し，個人利用者向けにBNPLを拡大しており，BNPLを提供することで利用者の購買意欲を高め，小売業界の成長を促進しています。個々の企業は，独自の特徴やサービス内容を持ちながら，利用者に便利で柔軟な支払い体験を提供することで，グローバルな規模で普及しています。

（3）BNPLの課題と展望

　BNPLは，利用者と加盟店の双方にとってメリットのあるサービスであり，今後も，日本のECサイトを中心に導入が進んでいくことが予想されます。しかし，日本でのBNPLサービスの普及には大きく2つの課題があります。1つが，利用者のクレジットリスクや支払い能力の適切な評価，もう1つが持続可能なビジネスモデルの構築です。

　BNPLは利便性が高いものの，利用者が意識しないままに利用額が膨らんでしまうリスクがあり，事業者にとっては利用者の支払い能力を適切に評価する仕組みづくりとともに，利用者に計画的な利用を促すことなどを通じ，より賢明な消費行動をとれるよう支援することが重要です。

　さらに，持続可能なビジネスモデルの構築のためには，顧客の利便性とサービスの差別化が重要な課題であり，BNPL事業者は単なる決済サービス提供に

とどまらず，個々の利用者ニーズに応じたサービス提供などを通じ，BNPL
サービスの利便性と普及をさらに高めることが期待されます。

④　暗号資産

（1）暗号資産とは

　暗号資産（仮想通貨）は，インターネット上で取引されるデジタル通貨で，
代表的な例としては，ビットコイン，イーサリアム，リップルなどが挙げられ
ます。「暗号資産」という名称は，暗号技術を用いて取引データを保護するこ
とに由来しており，公開鍵と秘密鍵を用いた暗号化技術により取引のセキュリ
ティが確保されます。ユーザーはその暗号技術を用いた鍵を保有することで自
身の暗号資産データにアクセスが可能となり，現物取引（本節における暗号資
産の「取引」は現物取引を指す）や送金が行われます。

　暗号資産の特徴は，**分散型のデジタル台帳であるブロックチェーンを活用し
て取引履歴を記録・管理する**点にあります。ブロックチェーンは，連続した
ブロックから成る台帳に取引情報を時系列的に鎖のように暗号化して記録する仕
組みで，改ざんするには，後続のすべてのブロックを書き換えなければならな
いという実現不可能な障壁があるため，不正取引を未然に防ぎ改ざんを許さな
いセキュリティ性能が高く評価されています。このセキュリティの高さが，ブ
ロックチェーン技術を活用する最大のメリットといえます。

　一方で，ブロックチェーンのセキュリティ性能を確保しつつ暗号資産におけ
る新たな取引を行いそれが承認されるためには，取引内容と承認内容を新しい
ブロックにまとめ，ブロックチェーンに追加する，「マイニング」と呼ばれる
作業が必要となります。ブロックチェーンは分散型のネットワーク全体でデー
タが共有される仕組みのため，新しいブロックを追加するマイニングプロセス
を暗号資産の取引参加者が競争的に行うことによって取引の安全性，信頼性が

保たれています。

　また，ブロックチェーンを活用した暗号資産取引では，ピアツーピア（P2P：サーバーを介さずにPCやスマートフォンの端末同士で直接データのやり取りを行う通信方式）で売買などの取引が直接行われ，従来の金融システムとは異なり，中央銀行などを介さずに運用されるため，取引手数料が格段に低くなります。さらに，これまでの送金手段と比較しても，インターネット上で，安く，速く，簡単に暗号資産の送受金を行うことができる特徴は，国内だけでなく，海外送金の手段としても大きく注目されています。

　暗号資産に関する法令として，**資金決済法**があります。2017年4月に施行された「改正資金決済に関する法律」で，「暗号資産」（制定当初の名称は「仮想通貨」）に関する新しい制度が開始され，国内で暗号資産と法定通貨との交換サービスを行うには，仮想通貨交換業の登録が必要となり，暗号資産の売買・交換等が規制の対象となりました。交換業者の登録制を通じて，利用者保護に関する一定の制度的枠組みを整備するとともに，登録業者に本人確認義務等のマネーロンダリング・テロ資金供与対策に係る義務が課されました。

　その後，仮想通貨取引所への不正アクセスにより，仮想通貨交換業者が管理する仮想通貨が流出する事案が複数発生し，仮想通貨交換業者の態勢整備が不十分であることが明らかになりました。また，仮想通貨が決済手段として用いられるよりも，むしろ，投機的な取引に用いられることが多くなり，それにあわせて適切な規制がどのようなものかが議論されるようになりました。

　このような背景から，資金決済法が改正され，2020年5月に施行された改正資金決済法では，「仮想通貨」の名称を「暗号資産」に改め，顧客資産のオフライン管理（ネットワーク非接続媒体による管理）や流出リスクへの対応義務が盛り込まれました。この改正により，暗号資産交換業者に対して，業務の円滑な遂行等のために必要なもの（顧客から預かる暗号資産全量の5％を上限）を除き，顧客の暗号資産を信頼性の高い方法で管理すること（オフライン管理）が義務付けられました。

　さらにこの改正により，暗号資産交換業者に対して，広告・勧誘規制の整備，

暗号資産交換業者の自主規制団体JVCEA（日本暗号資産取引業協会）への事実上の加入義務，取扱う暗号資産の変更の際の事前届出，信用取引への対応（証拠金レバレッジ倍率を2倍とする），暗号資産を用いた不公正な行為の禁止（不公正行為，風説の流布，価格操作行為等の禁止）などが盛り込まれました。

（2）日本や海外での動向

▌日本における暗号資産を活用したキャッシュレス決済の動向

　暗号資産は，キャッシュレス決済の新たな手段として注目され普及が進んでいます。ビットコインやイーサリアムなどの代表的な暗号資産は，投資手段として広く認知されているほか，小売店やオンラインショッピングでの支払いへの活用が広がりつつあります。

　たとえば，ビックカメラでは全国の店舗やオンラインサイトで暗号資産を支払いに利用できるほか，楽天グループはユーザーが楽天ウォレットに保有する暗号資産を楽天キャッシュにチャージすることで，楽天ペイや楽天ポイントとして決済に利用できる仕組みを提供しています。

　また，日本国内においては，価格安定性を重視して設計されたステーブルコイン普及に向けた動きが進んでいます。2023年6月，ステーブルコインを電子決済手段と定義した改正資金決済法が施行され，**米ドルや円などの法定通貨を裏付け資産とするステーブルコインが日本で発行できるようになりました**。足許では，三菱UFJフィナンシャル・グループと連結子会社の三菱UFJ信託銀行が，「国産ステーブルコイン」発行に向けた金融機関横断の共同検討を発表するなど，注目が高まっています。

▌海外における暗号資産のキャッシュレス決済の動向

　米国では，2021年3月，国際ブランドVisaが米国内ユーザー向けにカードの利用代金を米ドル連動のステーブルコイン「USDC」で支払えるサービスを開始しました。提携する取引所の暗号資産ウォレットと紐付けたデビットカードやプリペイドカードを使い，世界中の加盟店で利用できる仕組みです。

　また同時期にネット決済事業のペイパルも，米国のユーザー向けに利用代金をビットコインなど4種の暗号資産で支払えるサービスを開始しました。

　韓国では政府が，暗号資産の決済を積極的に推進しており，2022年には，暗号資産取引所の規制を緩和し，暗号資産による決済を認可しました。これにより，ネットショッピング，小売店舗などでは，暗号資産での支払いができる環境が整備されつつあります。

　一方，中国政府は，暗号資産を「違法な金融商品」と認定し，2021年9月に暗号資産の取引を全面的に禁止しました。この規制により，中国国内では暗号資産の取引が不可能になりました。

（3）暗号資産の課題と展望

　暗号資産は，ブロックチェーン技術を基盤にした新たな決済手段として注目される一方で，さまざまな課題が存在しています。まず挙げられるのが，暗号資産は法定通貨ではないため価格のボラティリティが非常に大きいことであり，決済手段としての安定性・信頼性に欠けている点です。消費者や事業者は決済時のレートが定まらない暗号資産を敢えて決済手段として選択しません。また，暗号資産決済には取引の正当性を検証・承認するサイクルに10分程度の時間がかかることが一般的であり，即時性が求められる決済手段としては，不適当と言わざるを得ません。

　今後は，暗号資産の価格安定性や利用者保護などを目的とした規制・ルールがさらに整備されるとともに，決済手段としてユーザーが利用しやすいアプリ開発などの利用環境整備が進むことにより，キャッシュレス決済における暗号資産の活用も拡大する可能性があります。

⑤　CBDC（中央銀行デジタル通貨）

（1）CBDCとは

　デジタル技術の進化とキャッシュレス決済の普及に伴い，新たな決済手段の1つとして中央銀行デジタル通貨（CBDC：Central Bank Digital Currency）発行の是非が各国中央銀行などで議論されています。国際決済銀行（BIS：Bank for International Settlements）が2021年に実施した調査によると，81中央銀行のうち9割がCBDCに関する何らかの検討を開始しており，CBDCについては半数以上の中央銀行が実証またはパイロット実験を行っています。

　CBDCとは，中央銀行が発行・管理するデジタル形式の通貨（デジタル通貨）のことで，決済の手段として，当該国の法定通貨建てで発行されることを通じて通貨と同等の価値尺度として機能します。

　CBDCは，中央銀行によって発行・管理されるため，**中央機関に管理されない暗号資産よりも安全で信頼性が高い**という特徴を有することから，より多くの層に利用が拡大し，デジタル通貨の普及が促進されると期待されています。また，従来の現金の印刷・配布に伴うコストを削減し，通貨の補完手段として金融の安定性に寄与する可能性も期待されています。

　たとえば，少子高齢化や都市部への人口流出は，全国各地に現金を流通させるコスト負担を従来よりも高めることに繋がり，地域によっては今後，住民の現金入手が困難になる可能性があります。そうした際に，現金あるいは民間のキャッシュレス決済を補完する手段として，中央銀行が発行し，「誰でも安心して使える」デジタル通貨であるCBDCの必要性が高まることが想定されます。

　CBDCには，大きく2つの形態が想定されています。1つは，金融機関間の大口の資金決済に利用することを主な目的として，中央銀行から一部の金融機関に提供されることを想定した「**ホールセール型CBDC**」です。これは，電子的に中央銀行が直接発行するマネーという点で，民間銀行が中央銀行に保有す

る当座預金と共通していますが，特徴はブロックチェーン技術（分散型台帳技術）を活用することで，従来の金融取引に比べ金融機関間の決済の効率性を向上させる点にあります。また，デジタル通貨であることから，取引の透明性が高く，マネーロンダリングを検出・防止することも比較的容易になることが期待されています。

　もう1つは，個人や一般企業を含む幅広い主体の利用を想定した「**一般利用型CBDC**」です。これは，現在の現金通貨（銀行券および貨幣）と同様の機能を有するものであり，利用者が，場所や時間を問わず，スマートフォンやICカードなどを用いて，中央銀行から発行された通貨を日々の買い物などに使用することを目的に発行するものです。現在，日本や各国の中央銀行が検討を進めているのは，物理的な銀行券をデジタル化する「一般利用型 CBDC」です。

（2）日本や海外での取組み事例

　多くの中央銀行が一般利用型CBDCに関する検討を進めていますが，その背景は各国の状況によってまちまちです。日本においては，現在CBDCを発行する計画はないものの，決済システム全体の安定性と効率性を確保する観点から，日本銀行が主体となって一般利用型CBDCの研究を進めています。

　海外では中国，スウェーデンなどのデジタル先進国のほか，途上国においても，CBDCを活用したデジタル通貨の研究，実証，導入が進められています。特に途上国においては，CBDCにより，一部の銀行口座を持たない人々も金融サービスに容易にアクセスできる環境が生まれる点で金融インクルージョン（金融包摂）を進めることが期待されています。

▌日本

　日本銀行は，2020年10月 9 日にCBDCへの取組み方針となる「中央銀行デジタル通貨に関する日本銀行の取り組み方針」を公表し，現時点でCBDCの発行は計画していないものの，決済システム全体の安定性と効率性を確保する観点から，今後のさまざまな環境変化に的確に対応するための準備として，一般利

用型CBDCの研究・開発に取り組む方針を示しました。

2021年には，CBDCの安全性や効率性，利便性などを検証する概念実証を開始し，2023年からは，試験用システムによる決済処理フローの確認や課題・対応策の検討などを行うパイロット実験を実施するとともに，民間事業者も参加して制度設計を議論する「CBDCフォーラム」を開催しています。

▌中国

中国は，CBDC「**デジタル人民元**」の導入に向けて，積極的に検討を進めています。中国人民銀行は，2014年からCBDCの研究開発に着手し，特に2022年2月に開催された北京五輪は，会場の決済手段をVISAカード，現金の人民元，およびデジタル人民元に限定するなど，認知度や技術的な優位性をアピールする場となりました。

2022年以降，中国人民銀行がデジタル人民元のスマートフォンアプリを公開し，一般ユーザーがダウンロードできるようになったほか，デジタル人民元の実証実験に早期から参加している京東集団はサプライヤーへの仕入れ代金や実験都市で勤務する一部社員の給与支払いをデジタル人民元で行うなど，実証段階ではありますが，デジタル人民元の一般ユーザーへの拡大を進めています。

▌スウェーデン

スウェーデンは世界で最もキャッシュレス化が進んだ国の1つであり，2019年に実施されたBIS調査によれば現金流通高の対名目GDP比率は1.3％と非常に低くなっています。

現金を取り扱う銀行支店・ATMの減少により国内での現金利用が困難となりつつあるスウェーデンでは，現行通貨をデジタル通貨で補完することを目的として，2017年からスウェーデン国立銀行が**一般利用型CBDC「e-krona（イークローナ）」**の研究開発に着手し，2020年には実証実験を開始しました。CBDCを正式に導入するかどうかの決定はまだされていないものの，2023年時点でも引き続き実証実験が進められています。

バハマ

バハマは，2020年10月に世界で初めてCBDC「Sand Dollar（サンドダラー）」を発行しました。

CBDCを導入するに至った背景には，決済システムの効率化と金融包摂の促進が挙げられます。バハマは，700を超える島々で構成されており，銀行口座を持たない人たちがいるため，そうした人々に金融サービスを提供するためにCBDCが導入されました。サンドダラーは，法定通貨と同じ価値を有しており，スマートフォンアプリで管理することができます。

ナイジェリア

バハマに次いで，2021年10月にナイジェリアがCBDC「e-ナイラ」を発行しました。ナイジェリアにおいても，銀行口座を持たない人が多くいるバハマ同様の問題がCBDC発行の背景となっています。

（3）CBDCの普及に向けた課題と展望

各国は一般利用型CBDCの導入に向けて，研究開発やパイロット実験を進めていますが，一般利用型CBDCの導入には，セキュリティ，規制，社会的な受容性などの課題が存在すると同時に，各国の実情に応じた対策が講じられる必要があります。

CBDCの導入には技術的・経済的側面，法律，規制，プライバシーなど多くの課題にも対応しなければならず，高度なプライバシー保護対策やセキュリティ対策が必要です。また，CBDCはオンラインで取引されるため，ハッキングや不正アクセスなどのリスクが存在し，これら課題への対応として，暗号化技術の利用，アクセス制御の強化，金融当局・中央銀行による監視体制の強化のほか，セキュリティに対する利用者の教育・啓発などの対策が必要です。

また，CBDCは国境を跨いだ取引が可能であり，異なる国や地域で異なるCBDCのルールが存在する場合，取引の円滑な実現に影響を与える可能性があるほか，CBDC同士の交換レートが変動する場合は，為替取引のリスクが増大

するため，国際的な協調・調整が必要になります。異なる国や地域の中央銀行や規制当局は，CBDCの導入と運用に関する協議を行い，共通のルールや基準を策定する必要があります。

　各国でCBDCに関する実証が進む中，CBDCには**デジタル技術を活用したキャッシュレス決済の普及，地域や年齢を問わず誰もが金融サービスを享受できる金融包摂の実現など**が期待されます。さらに，CBDCの導入には適切なインフラと技術が必要となるため，CBDCの導入によりデジタル技術がさらに発展することが見込まれます。

　CBDCは現在，多くの国で検討が進んでおり，その実現に向けた実証が行われています。CBDCの普及には各国の利用者や企業など，さまざまなステークホルダーの協力が不可欠です。今後，新たな技術の進化や国際的な連携，金融システムの安定化への取組みなどが進められることで，将来的なキャッシュレス決済手段としてCBDCの普及が期待されます。

6　金融・決済領域へのさまざまな企業の参入

（1）金融・決済領域への参入

　キャッシュレス化は，現金の不便さやリスクを解消するために，政府や民間企業がさまざまな施策やサービスを展開していますが，単なる決済手段の多様化や変化に留まらず，決済を基軸に消費者の消費行動データからニーズを捉え，事業者に新たなビジネスチャンスを生み出しています。

　実際に，キャッシュレス決済業界には通信やインターネット，流通や鉄道などの金融以外からもすでに多様な企業が参入しており，キャッシュレス決済とそれぞれの事業の強みや特色を融合したサービスを提供する一方，スタートアップ企業をはじめとして，AIやブロックチェーン技術を活用した独自の金融サービスを提供する事例も見られます。

（2）金融・決済領域への新たな参入事例

▎JPYC株式会社

　JPYC株式会社は2019年設立のスタートアップ企業で，ブロックチェーン技術を活用して，日本円に連動するプリペイド型のデジタルコイン「JPYC」を発行しました。

　JPYCは誰もが参加・閲覧が可能なパブリックブロックチェーン上で発行され，1JPYC＝1円の価値を持つ日本円ステーブルコインであり，すべてのトランザクションが暗号化されて記録される一方，誰もがトランザクションの履歴や残高を確認することができ，ブロックチェーンならではの信頼性や透明性を確保することができます。JPYCは資金決済法に基づいて発行される「前払式支払い手段（プリペイド式）」であるため，暗号資産ではなく，価格の安定性に特徴があり，これは，JPYCの発行者であるJPYC株式会社が，発行したJPYCの総額と同額の日本円を法務局に供託しているために実現している仕組みです。

▎株式会社GIG-A

　株式会社GIG-Aは，2021年設立のスタートアップ企業で，開発した多言語対応のモバイルアプリ「GIG-A」では，AIやブロックチェーン技術を活用して安全で便利かつ低コストの金融サービス提供に取り組んでいます。ユーザーは複数の言語から自分の好きな言語で銀行口座開設，残高照会や振込などの金融サービスを利用できます。

　2023年3月には，東京きらぼしフィナンシャルグループ傘下のUI銀行と連携し，多言語モバイル金融サービス「GIG-A（ギガー）」サービスの提供開始を発表しました。日本における外国人労働者の増加に合わせて，外国人にも使いやすく，銀行口座開設時の言語対応や，母国送金などで生じる高額な手数料負担を解消することが求められており，同社のアプリは多言語対応でアプリからモバイルのみで金融取引を完結できるBaaS型のサービスとして注目を集め

ています。

株式会社Gaudiy

　株式会社Gaudiyは，2018年設立のスタートアップ企業で，ブロックチェーンや生成AIなどの技術を活用し，さまざまな分野のファンによる経済圏「ファンエコノミー」を掲げたコミュニティサービスを展開しています。

　2023年9月には，金融事業を推進する新会社「Gaudiy Financial Labs」設立を発表し，従来銀行口座を持てなかった人々にも，新しい金融へのアクセス（金融包摂）の実現を目指すとして，ブロックチェーン技術を活用したウォレットの設計や提供，暗号資産取引所を通じた暗号資産発行（IEO：Initial Exchange Offering）における暗号資産の発行体支援やコンサルティングなどを手掛ける予定です。

三井物産デジタル・アセットマネジメント株式会社

　三井物産デジタル・アセットマネジメント株式会社は不動産やインフラ設備などの実物資産に投資するファンドの組成や運用を行うアセットマネジメント会社であり，デジタル技術を活用した資産運用の効率化や透明性の向上を目指し，2020年に設立されました。

　具体的な事業としては，不動産などの実物資産のキャッシュフローを裏付けに証券化したデジタル証券の発行・販売・運用を行っており，従来の不動産投資に比べ，低コストで高い流動性を持ち，小口から参加できる不動産投資を目指しています。また，デジタル証券プラットフォーム「ALTERNA（オルタナ）」を運営し，物流施設やレジデンス，ホテルなどの不動産プロジェクトへの投資を対象としたデジタル証券の発行・販売・運用なども行っています。

第**5**章

海外のキャッシュレス決済事情

1 海外各国におけるキャッシュレス決済の違い

海外のキャッシュレス決済事情は，政府による主導，国を代表する企業の施策，社会的な背景等，国ごとにさまざまな様相を呈しています。本章では，世界におけるキャッシュレス決済比率の高い国（**図表5-1**）に加えて，特徴的な取組みが見られる国々のキャッシュレス決済の普及におけるポイントや日本に照らし合わせた際の今後の展望を考察します。

政府の施策によりキャッシュレス決済が普及した国が，韓国やシンガポール，フランス，インドです。韓国では政府によるクレジットカード推奨，シンガポールでは首相によるSmart Nation構想，フランスでは現金決済の上限規制，インドでは高額紙幣の廃止等の施策を背景に，キャッシュレスが進展しました。

一方で，民間企業による取組みが背景にあるのが，中国やオーストラリアです。中国ではEC企業やメッセンジャーアプリ企業が自社製品に決済機能を付加したこと，オーストラリアでは，国を代表するスーパーマーケットが非接触決済を導入したことでキャッシュレスが発展しました。

国をあげたイベントにより，キャッシュレスが広まった事例もあります。イギリスでは，ロンドン五輪を契機に，公共交通機関等へのキャッシュレス決済が浸透しました。

　広大な土地が背景にあるのが北米です。ATMや店舗，銀行間の長距離の現金輸送には，コストがかかることに加え盗難のリスクがあります。アメリカやカナダは，現金決済のデメリットの回避を背景に，キャッシュレスが発展してきました。

　スウェーデンやエストニアといった北欧諸国は，人口が少なく，経済規模も他の先進国と比較して小さいことを理由に，現金維持のためのコスト負担が大きく，キャッシュレス決済が強く推進されています。

　また，そもそも金融サービスの素地がなかった環境に，携帯電話が登場したことで，キャッシュレス決済が一気に広がった国もあります。ケニアやインドネシアでは，銀行口座保有者の割合が低かったところに，携帯電話を使った決済が急速に拡大したことにより，リープフロッグ現象[1]が起きています。

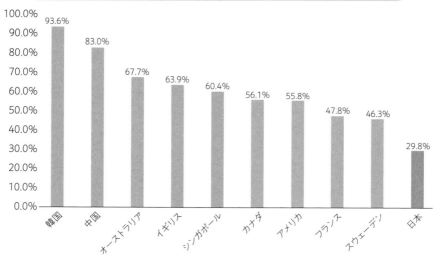

図表5－1　世界主要国によるキャッシュレス決済比率（2020年）

出所：一般社団法人キャッシュレス推進協議会『キャッシュレス・ロードマップ2022』をもとにアビームコンサルティング作成

1　新興国において，新しいサービスや技術が，先進国が経た過程を飛び越えて広がること

②　キャッシュレス決済比率の高い主要国の普及の背景と特徴

（1）韓国：クレジットカード決済大国

▎背景と特徴

　韓国は，キャッシュレス決済比率が世界で最も高い国です。韓国でキャッシュレス決済が進んだ背景には，1997年のアジア通貨危機にて国際通貨基金（IMF：International Monetary Fund）の救済措置を受けたことが影響しています。アジア通貨危機にて，大企業の倒産や金融機関の不良債権等の課題を抱えることになった韓国は，2000年，国内消費の活性化，および現金取引を主とする自営業者の脱税防止を目的に，クレジットカード利用促進政策を強力に推進しました。政府，中央銀行による消費者と事業者双方にとってインセンティブの働く要素を盛り込むキャッシュレス決済推進施策により，韓国におけるキャッシュレス決済は，急激に拡大しました。

　韓国で最も普及しているキャッシュレス決済手段は，クレジットカードです。Visa，Mastercard，American Express，JCB，銀聯カード等の国際ブランドに加え，BCcard，LOTTECARD，新韓カード等の国内ブランドのクレジットカードが存在します。近年は，クレジットカードに加えて，デビットカードの利用も拡大しています。

　その他，交通系ICカードとして，T-Money（ティーマネー）カードやCashbee（キャッシュビー）カードも普及しています。日本のSuicaやPASMOと同様，カード購入後，金額をチャージすることで，地下鉄やバス，タクシー等の乗降の際に，ワンタッチで決済が可能です。

　また，QRコードを利用したモバイル決済サービスであるZeroPay（ゼロペイ）もあります。

政府よるキャッシュレス決済の後押し

　韓国が高いキャッシュレス比率を誇る背景には，韓国政府による強力な推進があり，具体的には3点の取組みが挙げられます。1点目はクレジットカード利用による20％（2012年の税制改正で15％に引き下げ）の所得控除です。年間のクレジットカード利用額のうち，300万ウォン（約30万円）を上限に適用されます。

　2点目は，毎月1回行われる宝くじへの無料参加です。クレジットカードを1万ウォン以上利用すると，レシートに宝くじの抽選番号が印字されるため，実質無料で自動的に宝くじへの参加が可能となります。

　3点目は，店舗におけるクレジットカード決済対応の義務化です。年商2,400万ウォン以上の店舗を対象に，クレジットカードの利用を義務付けました。

　これらの政府によるクレジットカード利用促進活動により，韓国国民の間で，クレジットカードを使用することのインセンティブが働き，キャッシュレス決済の大幅な普及が進みました（**図表5－2**）。

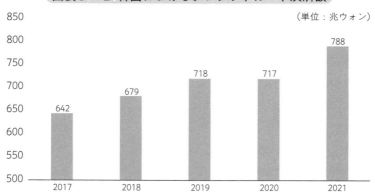

図表5－2　韓国におけるクレジットカード決済額

（単位：兆ウォン）

出所：国際決済銀行「BIS Statistics」をもとにアビームコンサルティング作成

　キャッシュレス決済が進む一方で，現金を捕捉する動きもあります。自営業者における，領収書を伴わない現金決済は，購買データの正確な把握が困難で

あることから，脱税の原因となっていました。そこで，現金決済を可視化し，購買データをデジタル化する目的で，2005年，現金領収書制度が導入されました。本制度の仕組みは，消費者が，現金を支払う際に，専用カード，クレジットカード，携帯電話番号等の情報を開示することで，加盟店が現金領収証を発行すると同時に，現金決済の内訳が，国税庁に通知されるものです。国税庁が把握している控除項目は，年末調整時に，自動的に控除がなされます。なお，現金領収書の発行を拒否した事業主に対しては，告発することも可能とされています。

　政府によるクレジットカード推進施策が進められてきた一方で，クレジットカード決済に係る手数料は，事業者側が負担する仕組みとなっていました。

　そこで，政府主導により，小売業者に対する手数料の軽減を目的として，2018年にZeroPayがリリースされました。ZeroPay は，スマートフォンのアプリを開いて，QRコードを読み取る決済方式です。事業者の手数料は無料であり，消費者は年収4分の1を超えるZeroPay決済の40％を所得控除することが可能です。

　クレジットカードの所得控除率が20％であることと比較すると，控除率は非常に高くなっています。ZeroPayは，消費者側には高い所得控除率，事業者側には手数料の無料化，という点を強みとして，ソウル市から試験的に導入がなされましたが，アプリの立ち上げ後，ログインを実施し，QRコードの読み取り後に金額を入力する，というオペレーションのステップの多さから，今のところ，広範に渡る普及には至っていません。

　政府による促進政策により，クレジットカードの利用が飛躍的に普及した一方，利用者の支払延滞や，事業者側の過当競争等の問題も指摘されています。クレジットカードの利用が広がったことにより，過剰な融資が頻発し，カード会社の資金繰りの悪化を招く事態も発生しました。

▌中央銀行によるキャッシュレス決済の後押し

　韓国の高いキャッシュレス決済率の背景には，中央銀行である韓国銀行の施

策も影響しており，2016年に「Payment System Policy Roadmap - Vision 2020」のなかで掲げられた「コインレス政策」も大きく影響しています。

　キャッシュレス決済が広がる一方，コンビニやスーパーでの，少額取引においては，現金硬貨が利用されていました。特に，クレジットカードの保有が困難な若年層や，高齢者，情報弱者は，現金に頼らざるを得ない側面がありました。

　一方で，硬貨の発行や流通，管理，古い硬貨の廃棄には，大きなコストがかかること，加えて，消費者から，おつりの硬貨をもて余している，との声も上がっていたため，「コインレス政策」を掲げ，硬貨取引により発生する製造および管理コストの削減，硬貨流通量の縮小に向けた取組みを推進しました。

　具体的には，2017年に，現金支払いの際に発生する釣銭をプリペイドカードに戻す施策を実施し，システム導入コストを抑えるため，既存のプリペイドカードを活用することで，事業者や消費者に馴染みやすくも使いやすい仕組みとしました。

　硬貨を市中から回収し流通量を削減するため，釣銭を電子化した結果，キャッシュレス決済をより推し進めることになりました。

（2）中国：QRコード決済大国

▌背景と特徴

　中国は，キャッシュレス決済比率が世界2位と，韓国に続き，非常に高い国です。

　中国が高いキャッシュレス比率を誇る背景には，中央銀行による銀聯カードの発行や，民間企業によるQRコード決済の取組みがあります。加えて，中国の企業がスマートフォン市場に参画し，インターネットの接続手段が，パソコンからスマートフォンへと移行したことで，モバイル決済が広がったことも影響しています（**図表5－3**）。

　中国では，インターネットでの商品購入の際，不良品やコピー商品が届く等の問題が発生していましたが，顧客と店舗の間に入り信用を補完することで拡

大してきたのが，Alibaba（アリババ）社によるAlipay（アリペイ）です。また，スマートフォンの保有率の増加に伴い，モバイル上でのコミュニケーションに焦点を当て，著しい発展を遂げたのがTencent（テンセント）社によるWeChat Pay（ウィーチャットペイ）です。WeChat Payは，もともとWeChatというチャットアプリでしたが，決済機能を追加したことで，QRコード決済サービスとして急拡大しました。加えて，元々，中央銀行による銀聯カード発行の施策もあったことから，中国のキャッシュレス決済は拡大しました。

図表5−3　モバイルインターネット利用者数とインターネット利用者全体に占める割合

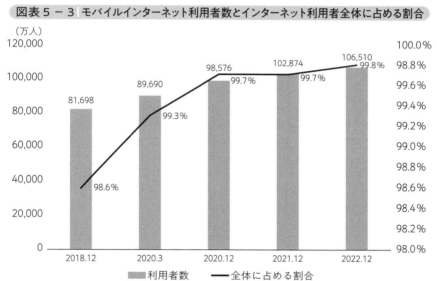

出所：CNNIC『The 51st Statistical Report on China's Internet Development』をもとにアビームコンサルティング作成

▌金融機関によるキャッシュレス決済の後押し

　2002年，中国の中央銀行にあたる中国人民銀行により，金融機関間の決済システムや取引時のルール統一を目的として，銀行間の決済ネットワーク組織である「中国銀聯」が設立されました。中国銀聯では，金融機関各社の決済シス

テムを，オンラインによるネットワークで繋いでいます。

　中国銀聯に加盟している金融機関によって，銀聯カードと呼ばれるデビットカードが発行されています。銀聯カード発行後，中国国内でキャッシュカードを新規作成する際には，自動的に銀聯ブランドが付与されることから，広く利用されることとなりました。また，銀聯カードは，デビットカード機能に加え，クレジットカードとしての機能も有するため，その利便性の高さからも広く利用されるようになりました。

　銀聯カードは，2005年には日本でもサービスが開始されており，加盟店は徐々に増加しています。

▌民間企業によるキャッシュレス決済の後押し

　中国でキャッシュレス決済が飛躍的に発展した背景には，AlipayおよびWe Chat Payの2つのQRコード決済があります。

　Alipayは，2004年，Alibaba社よりリリースされました。Alipayは，2003年に開設されたインターネットショッピングサイトである「タオバオ（淘宝網）」を基盤として発展したサービスです。

　2000年代初め，中国では，不良品や，見本と違う商品が消費者に届く等，インターネット取引上で問題が横行しており，顧客が代金の支払後，店舗側が連絡を絶ち，インターネットサイトを閉鎖する等，犯罪に当たる事例も発生していました。加えて，当時は，銀聯カードのようなクレジットカードも普及しておらず，銀行振り込みには，面倒な手続きや手数料がかかる等の課題がありました。そうした中，決済の安全性，効率性に着目してリリースされた決済手段が，Alipayでした。

　Alipayによる決済では，顧客と店舗の間にAlipayが介在している点に特徴があります。商品購入時，顧客は，店舗ではなく，Alipayに代金を支払います。その後，顧客側で，届いた商品に問題がないことの確認が取れ次第，Alipayから店舗へ代金が支払われる仕組みとなっているため，届いた商品が不良品や欠陥品であった場合，店舗ではなくAlipayから返金処理がなされます。店舗との

間にAlipayが仲介業者として入り，安心かつ速やかに決済可能な仕組みを提供することで，Alipayは顧客の信用を獲得することとなりました。

　Alipayは，当初パソコン上での決済が主流でしたが，スマートフォンの普及に伴い，スマートフォンによる決済が拡大しました。その後，Alipayには決済サービスに，保険やローン，投資商品，個人間送金機能等，時代のニーズに合わせ，人々の生活に根差した魅力的なサービスを提供することで，飛躍的な発展を遂げました。

　また，Alipayには，決済機能のほかに，ビックデータを活用した特徴的なサービスである，信用スコアリング機能「芝麻信用（ジーマシンヨウ）」があります。芝朝信用は，「信用履歴」，「行動傾向」，「支払能力」，「身分特性」，「人間関係」，の5つの観点から，顧客の信用度をスコア化して算出するサービスです。

　「信用履歴」は，クレジットカードの使用履歴やローンの借入，返済記録，「行動傾向」は，Alipayの利用状況や公共料金，税金の納付情報，「支払能力」は，銀行口座の残高や不動産等の資産状況，「身分特性」は，学歴や職歴等の個人情報，「人間関係」は，友人の信用スコアや資金のやりとり，といった観点に基づいて算出され，毎月更新されます。算出されたスコアは5つに分類され，スコアが高いほうから順に，「信用極好」，「信用優秀」，「信用良好」，「信用中等」「信用較差」，のカテゴリに分けられます。

　信用スコアに応じて，借家やホテル，レンタカー，シェア自転車の保証金が不要になる，ビザの取得が容易になる，空港での専用レーンの通行が可能になる等，多くのサービスを受けることが可能になります。

　芝麻信用は，人々が，高スコアを獲得するインセンティブが働いており，Alipayでの決済情報はそのインプット情報となることから，キャッシュレス決済の利用が拡大しました。

　Alipayと並ぶもう1つのQRコード決済であるWeChat Payは，2011年にTencent社よりリリースされた無料のチャットアプリWeChatに追加された決済機能です。

　Tencent社は，もともとゲーム事業を主力としていましたが，スマートフォンの普及による，人々のコミュニケーション手段の変化に着目し，QRコード決済事業者として飛躍することとなりました。

　WeChatは，中国版のLINEとも呼ばれ，インスタントメッセンジャーアプリとして，テキストメッセージや音声メッセージ，写真やファイルの送付が可能です。

　WeChatを利用したい場合，相手のID検索やQRコードの読み取り等により利用可能で，簡便で使いやすいことから，中国の人々の間で欠かすことのできないコミュニケーションツールとなりました。

　WeChatに決済機能が付加されたWeChat Payは，ユーザー間の割り勘や送金等，コミュニケーションツールとしての強みを活かすことで，中国の人々の間に，急激に広がりました。

　WeChat Payの特徴的なサービスとして，「微信紅包（ウェイシンホンバオ）」があります。本サービスは，中国での旧正月にあたる春節に，お年玉やご祝儀を配る際，金額をランダムに割り当て配布する機能です。

　送信側が，グループチャット内で，総額と受信側の人数を決めて送信すると，アプリが受信側の受け取り金額を自動的に割り当てます。このようなゲーム性を取り入れた魅力的なサービスの側面も，人々の心を掴みました。

　Alipay およびWeChat Payの影響により，中国では，フリーマーケットや屋台，コンビニといった少額の支払いから，食費や光熱費，家賃，税金等に至るまで，生活のあらゆる場面においてQRコード決済が浸透しており，日常に欠かすことのできない決済手段となりました。

　急激な拡大を遂げたQRコード決済ですが，人々の間に浸透する一方，偽のQRコードの読み取り不正サイトへ誘導するフィッシング等，セキュリティ面での課題が指摘されるようになりました。当該事態を受けて，中国政府は規制を強化し，2018年に，QRコード決済に限度額を設けました。

　また，同年，中国人民銀行により，日本の全銀ネットに当たる「網聯（ワンリェン）」が新設され，すべての決済事業者は，網聯を介さなければならない

仕組みが導入されています。

（3）オーストラリア：２大小売企業による広がり

▌背景と特徴

　オーストラリアは，韓国，中国に次ぐ，世界第３位のキャッシュレス決済大国です。その背景には，民間企業による非接触型決済の普及や，中央銀行による取組みがあります。

　オーストラリアでは，Visa，Mastercard等のクレジットカードをかざして支払う，非接触型決済の普及が進んでおり，2022年には，カード決済のうち約95％を占めています。接触型決済が広がった背景には，2011年に，Coles（コールス）とWoolworths（ウールワース）という２つの大型のスーパーマーケットによる導入が挙げられます。非接触による決済は，「Tap and Go（タップアンドゴー）」と呼ばれています。

　その他には，プリペイド式の交通系ICカードであるOpal Card（オパールカード）も普及しています。Opal Cardは2012年，自動車通勤の代替手段として，フェリーから利用が開始され，今では電車やバスにも導入されています。

　また，オーストラリアでは，PayID（ペイアイディー）やBPAY（ビーペイ）と呼ばれる決済サービスも充実しています。

▌民間企業によるキャッシュレス決済の後押し

　1997年には，オンライン上で請求書の支払いが可能な，BPAYがリリースされました。BPAYは，業者番号と顧客番号のみで，利用可能となっています。各銀行のインターネットバンキングサイトにログイン後，BPAYのページで業者番号と顧客番号を入力することで支払いが可能となっており，現在，150を超えるオンラインバンキング，および，６万社を超える請求業者にて，BPAYの利用が可能となっています。

　また，オーストラリアでキャッシュレス決済が広まった最も大きな理由は，前述したとおり，ColesとWoolworthsという，人々が生活のなかで日常的に利

用する二大スーパーマーケットが，非接触型決済を導入したことが大きく影響
しています。非接触型決済は，100オーストラリアドル（約1万円）以下の金
額の買い物の場合は，暗証番号やサインが不要で，クレジットカードをかざす
のみで利用可能となっており，その利便性の高さから，オーストラリア国民の
間に広まりました。

▌中央銀行によるキャッシュレス決済の後押し

2014年，中央銀行を始め，オーストラリアにおける主要な金融機関，金融
サービス提供者により，New Payments Platform（NPP）が設立されました。

NPPは，オンラインで金融機関間の即時決済を可能にするプラットフォーム
です。NPPの基盤をベースに，2018年，電話番号やメールアドレスのみで送金
が可能なPayIDがリリースされました。PayIDでは，電話番号やメールアドレ
スの情報を銀行口座と紐づけることで，送金側は，相手先の銀行口座番号を知
らなくても，送金が可能となっています（**図表5-4**）。

図表5-4　PayIDの仕組み

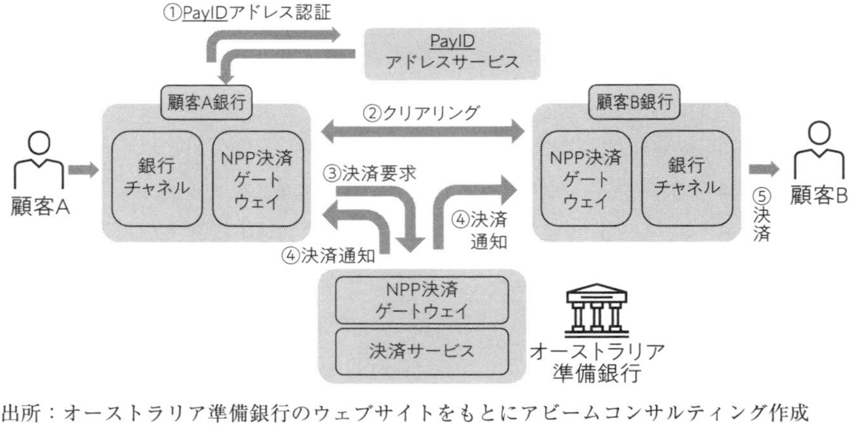

出所：オーストラリア準備銀行のウェブサイトをもとにアビームコンサルティング作成

（4）イギリス：ロンドン五輪を契機とした広がり

▌背景と特徴

　イギリスでは，2012年のロンドン五輪を契機として，NFCを活用した非接触決済の利用促進が進み，キャッシュレス決済の普及が拡大しました（**図表5－5**）。非接触決済の機能は，クレジットカード，デビットカード，どちらのカードにも付与されています。

　また，ロンドン五輪を機会に，人々の日常生活に不可欠な公共交通機関に，キャッシュレス決済が導入されたことも大きな要因となっています。ロンドンではタクシーやシャトルバス，地下鉄まで，非接触決済での乗車が可能となりました。

　ロンドンの特徴的な交通手段である2階建てバスは，現金決済が不可となっており，有料公衆トイレへの支払い，ストリートパフォーマーへの投げ銭でもキャッシュレス決済が採用されており，生活のあらゆる場面でキャッシュレス決済が浸透しています。その他，政府による「Open loop」の導入，民間企業による無人レジ等の取組みもキャッシュレス決済を後押ししています。

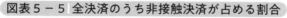

図表5－5　全決済のうち非接触決済が占める割合

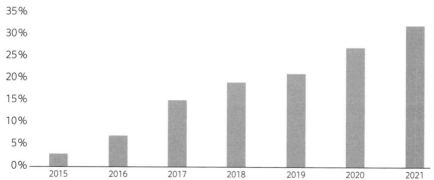

出所：UK FINANCE「UK PAYMENT MARKETS SUMMARY」をもとにアビームコンサルティング作成

▍政府によるキャッシュレス決済の後押し

　ロンドン五輪を契機に，イギリス政府主導で，公共交通機関におけるキャッシュレス決済に，「Open loop」方式が導入されています。

　Open loopとは，公共交通機関に乗車する際，交通系ICカードだけではなく，クレジットカードやデビットカードによる非接触決済により，決済が可能な仕組みです。普段使用しているクレジットカードやデビットカードでの乗車が可能，という利便性の高さから，観光客呼び込みの観点からも，世界中から注目を集めています。

▍民間企業によるキャッシュレス決済の後押し

　キャッシュレス決済が浸透した結果，大手のスーパーマーケットであるMarks&Spencer（マークス&スペンサー）やSainsbury's（セインズベリーズ）では，無人レジを導入しています。また同じくスーパーマーケットのTESCO（テスコ）やWaitrose（ウェイトローズ）では，Self-Scanの仕組みを導入しています。

　Self-Scanとは，入店時に，バーコード付きの機器を受け取り，クレジットカードやデビットカードと紐づいた専用カードをスキャン後，買い物の間，都度，購入する商品をスキャンし決済する仕組みです。レジに並ぶことなく，決済を終了することが可能で，その利便性の高さから人々の間で受け入れられています。

　店舗での専用の端末ではなく，スマホアプリでスキャンする仕組みも登場しており，より簡潔に利用が可能な仕組みが広がっています。

（5）シンガポール：政府をあげた取組み

▍背景と特徴

　シンガポールが高いキャッシュレス比率を誇る背景には，2014年にリー・シェンロン首相によって掲げられたSmart Nation構想が背景にあります。

　Smart Nation構想とは，国土が小さく資源が少ないシンガポールにおいて，

デジタル技術とデータを活用することで，国としての競争力を高める国家プロジェクトのことを指します。電子決済を基軸としたキャッシュレスの推進は，Smart Nation構想のなかでも，政府がより力を入れて取り組んでいる分野の1つです。

　もともと，シンガポールでは金融サービスが広く浸透しており，銀行口座を持つ人の割合（15歳以上）は，2022年で97.2％と非常に高くなっています。Smart Nation構想の一環として，銀行のキャッシュカードの新規発行時，VisaやMastercardのデビットカード機能が付与され，デビットカードも広く利用されています。

　SmartNation構想により，デビットカードを始め，クレジットカード，電子マネー，QRコード決済等，多様なキャッシュレス決済手段が浸透しています。

▍金融機関によるキャッシュレス決済の後押し

　1986年，シンガポールにおける国内の3大銀行（DBS，UOB，OCBC）の共同出資でデビットカード「NETS（ネッツ）」がリリースされました。銀行口座を開設した際，キャッシュカードに自動的にNETSの機能が付与されるため，多くの国民が利用可能となっています。

　また，2017年，シンガポール銀行協会の主導のもと，複数の主要銀行が参画して構築された，個人間送金サービス「PayNow（ペイナウ）」がリリースされました。

　PayNowがリリースされる以前は，各銀行でおのおの決済サービスを提供しており，利用範囲は各銀行内での送金に限定されていましたが，本サービスにより，異なる銀行間での送金が可能となりました。

　PayNowは，登録時に，銀行口座と携帯電話番号を紐づけることで利用可能です。加えて，24時間365日利用可能で，手数料無料という利便性の高さから，広く浸透することとなりました。PayNowは，当初個人向けのサービスでしたが，評判の高さから，2018年には，法人向けの「PayNow Corporate」がリリースされています。

▎政府によるキャッシュレス決済の後押し

2018年，政府により，シンガポール国内共通のQRコード決済規格「SGQR」が導入されました。

PayNowでは，個人から法人向けの支払いの際，企業登録番号を入力する必要がありますが，店舗での支払いの際に，個人が当該番号を認識しているケースは極めて低く，代替手段として発展したのがQRコード決済です。SGQR導入以前，QRコード決済には，銀行，クレジットカード会社，配車アプリサービス会社等，さまざまな業種の決済業者が参入したため，店舗では，決済アプリごとに端末を準備する必要がありました。

SGQRが導入されたことで，店舗側は，複数の決済端末を整備する必要がなくなりコスト削減に繋がったとともに，利用者側も，決済アプリを問わずQRコード決済が可能となり，利便性が向上しました。

（6）カナダ：Interacによる発展と最小硬貨の廃止

▎背景と特徴

カナダでキャッシュレスが広まった背景には，寒冷で広大な国土を持つという地理的環境が影響しています。現金決済の場合，ATMや店舗，銀行間の長距離の現金輸送に伴うコストや盗難のリスクが発生しますが，キャッシュレス決済では，当該コストやリスクを回避することが可能です。移動距離の長さに起因してキャッシュレス決済が進展する背景は，隣国アメリカでも同様です。

加えて，政府による1セントコイン廃止の取組みも，キャッシュレスを後押ししました。

▎金融機関によるキャッシュレス決済の後押し

カナダでは，デビットカードの利用が浸透しています（**図表5−6カナダのデビットカードの決済金額の推移**）。なかでも，国内限定のデビットカードである「Interac（インタラック）」が，キャッシュレス化を後押ししてきました。Interacは，カナダの主要金融機関を中心に構築されたもので，金融機関にとっ

ては現金取扱いに伴うコストやリスクの低減に繋がることから，積極的に普及を図っており，カナダの銀行が発行するキャッシュカードには，発行と同時にInteracが付与されるため，ほぼすべての国民が利用しています。

　カナダでは，スーパーやレストラン，コンビニ，および市場や屋台に至るまで，生活のあらゆる場面でキャッシュレス決済が可能です。

　また，カナダのバンクーバーでは，鉄道やバスの乗車時に利用可能な，交通系ICカードであるCompass Card（コンパスカード）も普及しています。Compass Cardは，一般向け，学生・シニア向け，観光客向けの３種類が存在し，日本のSuicaやPASMOと同様，公共交通機関の乗車の際に利用可能です。

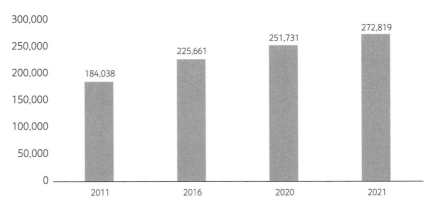

図表５－６　カナダのデビットカードの決済金額の推移

（単位：百万ドル）

出所：カナダ決済協会「Canada experiences rebound in transaction volume and value in 2021」をもとにアビームコンサルティング作成

▌政府によるキャッシュレス決済の後押し

　カナダでは，2013年，政府により，１セントコインが廃止されました。１セント硬貨１枚の製造には，1.6セントかかっており，コイン廃止により，流通コストの大幅な削減にも繋がりました。１セントコイン廃止後，現金決済の場

合，端数は，"0"，"5"，"10"のうち，最も近い数字に切り上げ，切り捨て
が行われるように変更となりました。端数切り上げにより，多くの支払いをし
なければならないケースが発生することを鑑みると，国民の間で，現金ではな
く，キャッシュレス決済へと意識が高まるのも，自然な流れであると考えられ
ます。

（7）アメリカ：クレジットカード大国

▌背景と特徴

　アメリカは，クレジットカードの発祥の地であり，キャッシュレス決済の主
流は，クレジットカードとなっています。Visa，Mastercard，American
Expressといった，世界を代表するクレジットカード会社の本拠地でもあり，
クレジットカード大国とも言われています。

　クレジットカードが広まった背景には，偽札や盗難等，犯罪防止の側面があ
ります。高額な偽札を使用し，お釣りを入手する事態の防止になることに加え，
盗難の際には補償による救済措置があることから，アメリカの国民のなかで広
がりました。加えて，アメリカではクレジットスコアと呼ばれる個人の信用情
報が広く浸透しており，クレジットカードの利用履歴は，住宅ローンや自動車
ローンを組む際の社会的な信用の指標となることから，信用履歴を積み上げる
ことでローン審査に備えるという流れができています。

　一方で，低所得者等を中心に，クレジットカードの作成ができない層も一定
数存在します。そのため，現金決済を残すことを義務付けている地域もあり，
マサチューセッツ州やニュージャージー州では，店舗側に，現金支払いを受け
付けることを義務化する法律を制定しています。

　アメリカでは，クレジットカードに加え，デビットカードの利用も多くなっ
ています（図表5-7）。クレジットカードは，利用過多により返済不能とな
るリスクがありますが，その代替手段として，即時決済のデビットカードも普
及しています。

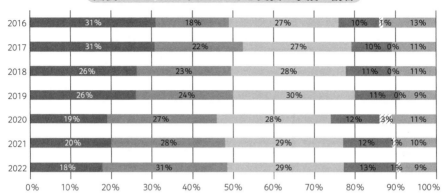

図表 5 － 7　アメリカにおける支払い手段の割合

出所：サンフランシスコ連邦準備銀行のウェブサイトをもとにアビームコンサルティング作成

　また，レジ無し店舗のAmazon Goや事前注文が可能なStarbucksのアプリ等，民間企業による消費者に魅力的なサービスを提供する取組みも，キャッシュレス決済を後押ししています。

　加えて，アメリカでは，PayPalのような，クレジットカード番号や銀行口座等の支払い情報を店舗側に開示しない仕組みも発達しています。利用者は，PayPalにクレジットカード番号を登録すると，PayPal番号が付与され，支払い時は当該番号で決済がなされます。

　従来，アメリカでは，クレジットカード番号のみで決済が可能であったため，カード番号が盗難されることで，不正利用されてしまう事態が発生しており，当該ケースを防止するための仕組みとして発展しました。

▍政府によるキャッシュレス決済の後押し

　アメリカでのクレジットカードの普及には，1970年に制定された銀行秘密法が背景にあります。当該法律は，犯罪の疑いがあるものについて，取引を記録の上，当局への報告義務があることを定めるものですが，取引の記録の手段と

して，キャッシュレス決済が進展することとなりました。

　1958年には，世界で初めて，Bank of Americaにより消費者向けのクレジットカード「BankAmericard」が発行されました。法律の後押しを背景に，1976年に当該カードは「VisaCard」となり，Visa社が誕生する流れとなりました。VisaCardはリボ払いが可能であったことから，アメリカ国民の間に急激に広まることとなりました。

▌民間企業によるキャッシュレス決済の後押し

　GAFA[2]の一角であるAmazonは，2016年，レジ無し店舗のAmazon Goをオープンし，レジ行列とレジ会計をなくしました。Amazon Goへの入店は，専用のアプリのダウンロードとAmazon IDの登録のみで可能です。過去，Amazonでの購入の際に返品が多い場合，入店を拒否されるケースがあり，入店前にスクリーニングを実施しています。

　商品を棚から取り出した後は，自前のバッグに入れる，もしくはそのまま店を出ることができ，退店後，Amazonアカウントに料金が請求される仕組みとなっています。商品の取り出しは店内のセンサーで検知・管理されており，Just Walk Out technologyと呼ばれています。

　世界的な喫茶店チェーンであるStarbucksのアプリでは，クレジットカード番号を登録することでスマホ決済が可能です。店舗に並ばずに，事前に注文と支払いが可能，プリペイドカードへの事前チャージ，近隣店舗検索，利用額に応じた特典の付与等，モバイル決済の特徴を活かした手軽で魅力的なサービスにより，アメリカを始め，世界中に広がっています。

（8）フランス：現金決済の上限規制

▌背景と特徴

　フランスでキャッシュレス決済が普及した背景には，政府による現金利用の

2　Google・Apple・Facebook（Meta）・Amazonの略称

上限設定や，金融機関によるデビットカードの普及が影響しています。

　キャッシュレス決済の種類としては，クレジットカードやデビットカード，が広く利用されています。

　また，パリ市内で利用可能な「Navigo（ナビゴ）」と呼ばれる非接触型の交通系ICカードも存在しています。2017年には，「Lyf Pay（ライフペイ）」と呼ばれるQRコード決済サービスも開始されています。

▐ 政府によるキャッシュレス決済の後押し

　フランスでキャッシュレス決済が進んだ背景には，1940年に制定された法律で，5,000フラン以上の買い物をする際に，現金ではなく小切手等で支払いを行うことが規定されていたことが影響しています。

　フランスでは，古くから日常的に，高額な買い物の際に，現金で支払う文化がないことから，キャッシュレス決済が抵抗感なく広がりました。

　また，2013年には，現金決済の上限が，従来の3,000ユーロ（約50万円）から1,000ユーロまで引き下げられ，キャッシュレス決済に向けた動きをより加速させています。

▐ 金融機関によるキャッシュレス決済の後押し

　フランスでは，小切手専用のATMがあるほど，小切手が使われていますが，現金同様，管理コストがかかります。そこで，小切手による事務作業の効率化を目的として，銀行カード協会（Groupement des Cartes Bancaires, CB）により，デビットカードの普及が進められました。銀行カード協会主導のもと，キャッシュレス決済にかかわるインフラの整備や加盟店の開拓がなされ，デビットカードが浸透しました。

　また，銀行カード協会では，1999年に，電子マネーである「Moneo（モネオ）」をリリースしていますが，利用者側の年間費負担等の使い勝手の悪さから，2015年にサービスを停止しており，電子マネーの機能はBPCE社のモバイル決済アプリ「IZLY（イズリー）」に引き継がれました。

（9）スウェーデン：Swishの台頭

█ 背景と特徴

「現金が消えた国」と言われる程，スウェーデンでキャッシュレスが進んだ背景には，寒冷な気候と人口密度の低さが挙げられます。寒冷な土地に人々が点在する環境下では，現金輸送はコストがかかることに加え盗難のリスクもあり，デメリットが多いことから，キャッシュレス決済が進展してきました。

さらにキャッシュレス決済を後押ししたのは，2012年にリリースされた，金融機関によるモバイル決済サービス「Swish（スウィッシュ）」の存在です。「Swish」では，個人認証に，政府が管理する個人認証番号が利用されていますが，スウェーデンでは，教会が住民の個人情報を管理していた歴史があり，政府が個人情報を管理することに対して抵抗が少なかった点も，キャッシュレスを円滑に推し進めました。

また，スウェーデンでは，7歳になると，銀行からデビットカードが発行され，子供でもキャッシュレス決済の利用が可能です。幼少期から，日常的にキャッシュレス決済に接する機会があるのも，キャッシュレス先進国と言われる所以となっています。

スウェーデンでは，キャッシュレス決済の手段として，デビットカードやSwishが利用されています（図表5－8）。現金お断りの店舗も多く，社会全体で，キャッシュレス決済が浸透しています。

一方，急速にキャッシュレス決済が進み，現金利用が困難になっていく状況のなか，金融包摂の問題も浮上しています。店舗での支払いをはじめ，公衆トイレや駐車場での支払い等，キャッシュレス決済が生活の隅々まで入り込んでいることから，インターネットやアプリの操作が困難な場合，サービスそのものを利用できなくなるケースも発生しています。

当該事態の対策として，一定の割合で現金利用を残す要望もあり，キャッシュレス決済の飛躍的な普及の一方で，現金に対する取り扱いや，利用困難者への支援も，同時に課題として挙がっています。

図表5－8　過去30日間に使用した決済方法の割合（2022年）

出所：スウェーデン国立銀行ウェブサイトをもとにアビームコンサルティング作成

金融機関によるキャッシュレス決済の後押し

　前述したモバイル決済サービス「Swish」は，スウェーデンの中央銀行および主要大手銀行により，共同開発されました。Swishにログインする場合は，BankID[3]（バンクアイディー）と呼ばれる個人認証番号が必要です。BankIDと携帯電話番号を紐づけることで，Swishでは，携帯電話番号のみで送金が可能です。

　Swishは，割り勘機能や，フリーマーケットでの支払い等，個人間での送金の際には，メリットを多く享受できることから，幅広く利用されるようになりました。

民間企業によるキャッシュレス決済の後押し

　スウェーデンでは，体内に埋め込んだマイクロチップによる決済の事例も登場しています。2017年，スウェーデン鉄道では，世界で初めて，マイクロチッ

3　出生と同時に付与される社会保障番号と銀行口座が紐づけられたID

プによる乗車のシステムを導入しており，スマートフォンすら不要なキャッシュレス決済が実現しています。

③ キャッシュレス決済の特徴的な取組み国

（1）ケニア：モバイル決済によるリープフロッグ現象

▌背景と特徴

　キャッシュレス決済における特徴的な取組みが見られる国として，ケニアがあります。ケニアでは，銀行をはじめとする金融サービスのインフラが整っていないところへ，スマートフォンによるモバイル決済が導入されたことにより，先進国が経験した段階的なステップを踏まず，飛躍的にキャッシュレス決済が広がるリープフロッグ現象が起きています（図表5-9）。

　既存システムや，規制・制度といった，金融サービスの整備が未充足の状況下では，現金決済よりもキャッシュレス決済の方が社会的コストを鑑みても優位であることから，キャッシュレス決済が選択されました。

　ケニアでのモバイル決済の代表例が，2008年，Safaricom（サファリコム）社によりリリースされた「M-PESA（エムペサ）」です。電子マネーによる送金や決済，融資やローン等の金融サービスが可能で，給与の受け取りや，仕送りにも利用されています。

　また，ケニア政府により，新型コロナウィルス拡大防止策として，現金決済を削減し，モバイル決済の利用を促進したことも，キャッシュレス決済を後押ししています。

図表5－9 ケニアにおける住人100人あたりの携帯電話の契約数

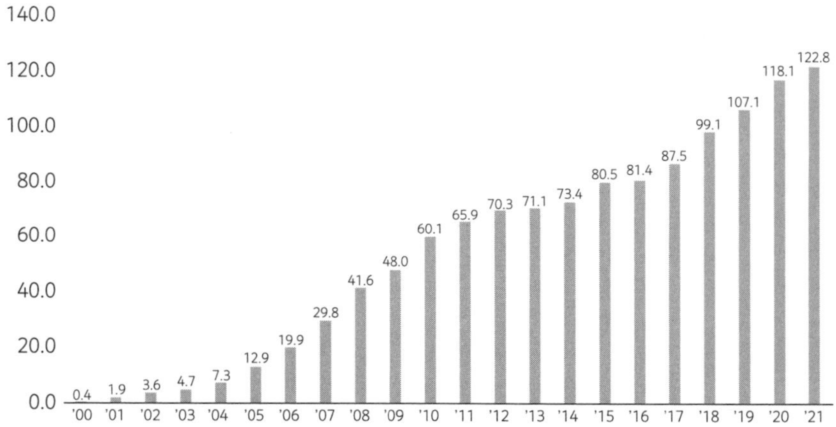

出所：国際電気通信連合「ICT Indicators Database」をもとにアビームコンサルティング作成

（2）インドネシア：モバイル決済によるリープフロッグ現象

背景と特徴

　前項同様，スマートフォンによるリープフロッグ現象が起きているのが，インドネシアです。インドネシアでは，ケニアと同様に，銀行口座の保有率は低い一方で，スマートフォンの保有率は高く，その結果，キャッシュレスの利用が急速に伸びています。

　また，インドネシアでの最も高額な紙幣は10万ルピアですが，日本円に換算すると1,000円弱程度であり，高価格帯の買い物をする際に不便であるという点も，キャッシュレス決済を後押ししています。

　インドネシアでは，鉄道や地下鉄といった公共交通機関が十分に整備されていないことから，人々の主要な移動手段は，自動車やバイクとなっており，特に，価格帯が安価なバイクについて，ライドシェアリングが広く浸透しています。ライドシェアリングの決済に着目し，シェアを獲得してきたのが，QRコード決済サービスの「GoPay（ゴーペイ）」と「OVO（オーヴォ）」です。

　GoPayは，配車アプリサービスを運営するGojek（ゴジェック）がリリースした決済サービスで，ライドシェアを始め，レストランでの支払い，買い物代行，荷物の配送，ユーザー間の送金等，インドネシアの日常生活のあらゆる場面での決済が可能となっており，スーパーアプリとしての地位を確立しています。

　ライドシェアにおける決済サービスのもう一角が，シンガポールに本社を置く配車サービス業者であるGrab（グラブ）が運営するOVOです。OVOでは，ライドシェアでの支払いを始め，フードデリバリー，配達等，Grabで提供されているサービスの決済が可能です。

　また，2019年には，インドネシア政府主導のもと，QRコード決済サービスである「LinkAja（リンクアジャ）」がリリースされています。LinkAjaはインドネシア政府の主導により，国営の金融機関4行，通信会社のTelecom（テレコム），国営企業のPertamina（プルタミナ）等が参画している点に強みがあります。GoPayやOVOが都市部のライドシェアを中心に強みを持つことに対し，LinkAjaでは電車運賃の支払い，ガソリンや高速道路の支払い等，社会全体にかかわるインフラに強みを持つことで，差別化を図っています。

（3）インド：政府による強力な取組み

▎背景と特徴

　インドにおけるキャッシュレス決済が進んだ背景には，政府が実施した2つの施策が影響しています。

　1点目は，高額紙幣の廃止です。2016年，インドでは，偽札や脱税等の犯罪防止を目的として，当時の最高金額の紙幣であった1,000ルピー（約1,700円）札と，2番目に高額であった500ルピー札が廃止されました。高額の現金紙幣が使用不可となることに伴い，銀行に現金を預ける動きが急速に加速し，代替手段として，キャッシュレス決済が広がることになりました。

　また，1,000ルピーおよび500ルピーが廃止される際に導入された2,000ルピーについては，その利用頻度の低さから，2023年9月に流通を停止することが発

表されており，今後ますます，キャッシュレスに向けた動きが浸透していくことが予想されます。

　2点目は，2009年に導入された，国民識別番号制度である「Aadhaar（アドハー）」です。Aadhaarは，日本におけるマイナンバー制度に相当するもので，指紋，虹彩，顔等の生体情報を登録することで，国民1人ひとりに12桁のIDが付与される制度です。Aadhaarによる生体認証により，身分証明が簡潔に可能になったことで，銀行口座開設等を始めとする金融サービスが広がり，その結果，キャッシュレス決済が一気に浸透することとなりました。

　2009年に，インドのスタートアップ企業であるOne97 Communicationsによってリリースされた，「Paytm（ペイティーエム）」は，インド最大のモバイル決済サービスです。Paytmはクレジットカードや銀行口座と紐づけて，電子マネーにチャージする仕組みとなっています。現金をチャージすることも可能で，その利便性の高さから，インドの国民の間で広く利用されています。また，Paytmは，日本のQRコード決済サービス「PayPay」構築の際に，その技術が基盤として活用されています。

　2016年にインドの中央銀行により導入された，モバイルによる即時送金サービスであるUnified Payment Interface（UPI）も，キャッシュレス決済を後押ししています。UPIは，24時間365日，異なる銀行間でも送金が可能であり，手数料無料，という利便性の高さから，インドで広く浸透しています。

（4）エストニア：電子政府

▌背景と特徴

　エストニアでは，政府主導によりデジタル化が進められており，ほとんどの行政サービスをオンライン上で受けることができることから，「電子政府」とも呼ばれています。エストニアは，人口約130万人程度の小国であり，天然資源も乏しいことから，国を挙げてITリテラシーの向上に力を入れている背景からキャッシュレス決済が浸透しています。

　エストニアでは，2002年から，政府管理による国民IDカードが発行されて

おり，100％に近い国民が保有しています。国民IDカードは，運転免許証，健康保険証，学生証，納税者番号，インターネット投票等，生活のあらゆる面での証明になることに加え，公共交通機関に乗車可能なeチケットの管理，インターネットバンキングへの認証機能も兼ね備えていることから，キャッシュレス決済を後押しする存在となりました。

　国民IDカードによるあらゆるサービスを可能にしているのが，エストニア政府が管理する，X-Roadと呼ばれるデータベースシステムです。X-Road上では，全国民の銀行口座の資金移動や預金残高の情報が管理されていることから，買い物の支払いや公共交通機関への乗車の際のキャッシュレス決済はもちろんのこと，確定申告の際には，自ら納税額を確認し，承認するのみで手続きを終了させることが可能です。

④　海外キャッシュレス決済事情を踏まえた日本の展望

　キャッシュレス決済比率の高い国における普及の背景には複数の類似点が見受けられます。キャッシュレス決済に繋がるKey Success Factor（KSF）から，今後の日本の展望について考察します（図表5－10）。

（1）特典の付与

　まずは，利用者への特典の付与です。韓国のクレジットカード施策では，政府が主体となって，所得控除や宝くじの参加等，利用者にとって魅力的な特典を付与することにより，キャッシュレス決済を進展させました。

　日本の類似施策として，政府によるキャッシュレス・ポイント還元施策，および，マイナンバーカードへのポイント還元施策があります。

　前者は，対象の店舗でキャッシュレス決済をすると最大で5％のポイントを還元するもの，後者は，マイナンバーカードをキャッシュレス決済サービスと連携させることで，マイナポイントを還元するものであり，当該施策により，

図表5-10 キャッシュレス決済に繋がるKSF

KSF	取組み内容	国名	日本での類似の取組み
利用者への特典の付与	所得控除や宝くじの参加等，利用者にとって魅力的な特典の付与	韓国	キャッシュレス・ポイント還元施策 マイナンバーカードへのポイント還元施策
規格の標準化	QRコード決済規格の統一	シンガポール	JPQR
日常の動線上のサービスの提供	二大スーパーマーケットの非接触決済導入	オーストラリア	スーパーマーケットやコンビニへの導入
（同上）	ライドシェアリングへのモバイル決済導入	インドネシア	公共交通機関，コイン駐車場，タクシー，MaaSの実証実験，カーシェアリングへの導入
国家レベルのイベントの促進	ロンドン五輪でのキャッシュレス導入	イギリス	2025年の大阪万博でのキャッシュレス決済採用
硬貨や高額紙幣の廃止	1セントコインの廃止	カナダ	－
（同上）	現金支払い額の上限額の設定	フランス	－
（同上）	高額紙幣の廃止	インド	－
個人間送金サービスの普及	個人間送金サービスの拡大	シンガポール スウェーデン ケニア	ことら LINE Pay pring PayPay等

キャッシュレス決済の普及に繋がりました。

　ただし，両施策とも期間限定の取組みのため，今後，継続的な取組みも検討の余地があると考えられます。

（2）規格の標準化

　2点目は，規格の標準化です。日本では，たとえば，スマホ決済サービスだけでも，PayPay，QUICPay，Suica，WAON，nanaco，楽天ペイ，メルペイ

等，多数のサービスが存在します。選択肢の多さにより，利用者がどのサービスを選択すれば良いのか混乱が生じている点が，キャッシュレスの促進を阻んでいる側面もあると考えられます。

　また，スマホ決済サービスを利用するには，サービスごとにアプリをインストールし，必要な情報を登録する必要があるため，一度，ある決済アプリをインストールした場合，登録の面倒さから，追加のアプリは登録しないことが想定されます。そのため，決済サービス業者が，ポイント還元や割引サービス等，魅力的な施策を実施した場合でも，利用者の拡大に繋がらない可能性があります。

　シンガポールでは，規格を統一したSGQRにより，キャッシュレスが広がった背景があります。日本においても，規格を標準化し，仕組みをわかり易く，使い易くすることは，キャッシュレス決済の進展に蓋然性があると考えられます。

　すでに類似事例として，JPQRが存在しますが，現在，広範な利用には至っておらず，今後，事業者，加盟店，利用者それぞれに対する，利用促進に向けた広報活動が必要になると考えられます。

（3）動線を意識したサービス提供

　3点目は，日常の動線上のサービス提供です。オーストラリアでは，人々の日常生活に密接に関わっているスーパーマーケットがキャッシュレス決済を導入したことが背景にありましたが，日本でも，現在，スーパーマーケットを始め，コンビニやドラックストア等，人々が日常的に利用する店舗でキャッシュレス決済が導入されています。

　加えて，スーパーのすでにある会員機能（会員カード，ポイント付与プログラム等）をベースとしたハウスプリペイド機能の追加実装のような，会員動線の拡大の動きもあり，今後，この動きは益々加速していくものと考えられます。

　また，インドネシアでは，人々の移動手段としてのライドシェアによりキャッシュレス決済が発展した背景がありました。日本では，公共交通機関が

発展しており，すでにキャッシュレス決済は広く利用されています。

　加えて，コイン駐車場やタクシー，MaaSの実証実験や，カーシェアリングにおいても，キャッシュレス決済が導入されており，交通系電子マネーをベースとして，さらなるキャッシュレス決済が各事業者によって取り組まれている段階です。

（4）国家レベルのイベント促進

　4点目は，国家レベルのイベントの促進です。イギリスでは，ロンドン五輪を契機に一気にキャッシュレス決済が進みましたが，日本においても，2025年に開催予定の大阪万博では，全面的にキャッシュレスを採用することが発表されています。会場内での売店やレストランに加え，公共交通機関や宿泊施設でも，基本的に，決済はキャッシュレスとすることが前提とされており，今後の動向が注目されます。

（5）硬貨・高額紙幣の廃止

　5点目は，硬貨や高額紙幣の廃止です。カナダでは，1セントコインの廃止により，キャッシュレスが進展した背景がありましたが，たとえば，日本においても，1円硬貨を廃止し，現金払いの場合，1円単位は四捨五入をする等の，思い切った施策も検討の余地はあると考えられます。

　また，フランスでは，現金での支払いに上限額がありましたが，一定金額以上の支払いをキャッシュレスにすることは，窃盗や管理コスト等を鑑みても，日本でも抵抗感なく受け入れられるものと思われます。

　他にも，インドで，高額紙幣の廃止により，キャッシュレスが進んだ事例もあることから，現金を強制的に利用不可とする施策は一考の余地があると考えられます。

（6）個人間送金サービスの普及

　6点目は，個人間送金サービスの普及です。スウェーデンのSwish，シンガ

ポールのPayNow，ケニアのM-PESA等に代表されるように，銀行口座の指定が不要で，携帯番号のみでの個人間の送金が可能な仕組みが各国で広がりを見せています。

日本でも，2022年に，小口の送金サービスである「ことら」がリリースされています。その他，LINE Pay，pring，PayPay等でも個人間送金サービスの機能を有しており，今後，日本でもサービスが拡大していくことが見込まれます。

以上，利用者への特典の付与，規格の標準化，日常の動線上のサービス提供，国家レベルのイベントの促進，硬貨や高額紙幣の廃止，個人間送金サービスの普及等の観点は，今後の日本のキャッシュレス決済の拡大のための鍵となっていくと思われます。

第6章
キャッシュレス決済ビジネスの今後の展望

1 キャッシュレス決済ビジネスの課題

（1）参入障壁

　新たなキャッシュレス決済の提供をビジネスとして検討した場合，振込・口座振替，デビットカードは銀行法という参入障壁があり，新たに参入することは難しい市場です。クレジットカードにおいても国際的な決済ネットワークを構築するという参入障壁は高く，新たな国際ブランドを作ることは難しい市場です。

　一方で，クレジットカードのイシュアーとして国際ブランドと提携したカードを発行するという参画方法は，決済システムを国際ブランドに頼ることができ，既存事業で顧客基盤を持つ企業であればある程度発行枚数についても目途が立つため，比較的参画しやすい手段です。

　電子マネーについても，近年増加している自家型のハウスプリペイド導入は，決済インフラが自社内に閉じており，構築が比較的容易であるとともに，決済金額が事前に入金される仕組みであることから，企業にとって比較的リスクを押さえた参入が可能です。第三者型での参入になると，サービスを提供するインフラや加盟店の開拓などの高い参入障壁があります。

　コード決済はクレジットカードやハウスプリペイドに比べると参入時にサービスを提供するインフラの構築や，自社以外でも使用可能とする場合には加盟店の開拓などのハードルが存在し，資本力のある企業による競争が激しいため，後発での参入は難しい市場です。

　そうした中，Embedded Financeにより，キャッシュレス決済手段を自社アプリに組み込む形での参入方法が出現してきており，B to C企業にとって，決済手段を自ら持たなくても，自社サイト等で何らかの形で自社の顧客にキャッシュレス決済手段を提供すること自体は容易になっています。

　今後も，既存事業を補完する位置付けでキャッシュレス決済手段を提供する企業は増えていくと想定されます（**図表6-1**）。

図表6-1 キャッシュレス決済への参入障壁

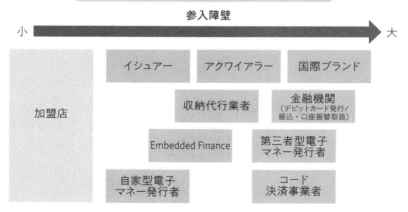

（2）収益性

　キャッシュレス決済に共通する収益機会の1つに，加盟店の売上に対して徴収する手数料があります。

　決済におけるキャッシュレス決済比率自体が増加していることから，キャッシュレス決済の市場規模自体は拡大していますが，同じキャッシュレス決済手

段内だけでなく，異なるキャッシュレス決済間でも利用者の取り合いが発生しているため，加盟店数の減少に繋がる手数料率の引き上げは難しくなっています。

　また，加盟店からの手数料の配分も，参入障壁が高い一方でコストのかかる決済インフラを持つ，国際ブランドやEmbedded Finance提供事業者が必要な利用料を徴収するため，新規にイシュアー等の立場で参画する企業にとって，必ずしも高い収益性をもたらすものではありません。実際，キャッシュレス決済手段としては後発となるQRコード決済事業者が，加盟店手数料を廉価に設定し，収益化に時間がかかっていることからも，収益化の難しさがうかがえます。

　いずれのキャッシュレス決済手段に参画するにせよ，決済という一面だけを見るとビジネスとして差別化は難しく，参画にあたっては加盟店手数料以外の収益源や参画する意義をビジネスモデルの中に持つことが重要になります。

　クレジットカードの場合にはイシュアーを兼ねることで利用者のリボ払いや割賦払いによる金利収入が見込めますが，日本におけるクレジットカードの普及率は高く，メインカードとして使用されるには自社既存事業での優遇施策などの利用者にとって魅力あるカードとなるための工夫が求められます。他のクレジットカードとは異なる顧客層，異なる審査基準を設けてローンやリボ払いを設定することができれば，新たな市場を見出せる可能性がありますが，独自の審査基準を作ることは容易ではありません。

　そのため，キャッシュレス決済自体は収益の増加に繋がらなくとも，競合に対する顧客の囲い込みや，コストを削減するという観点で成り立つビジネスモデルが，多くのB to C企業にとって選択肢となります。

　売上高の大きい企業では，キャッシュレス決済事業者に支払う手数料が巨額になります。その場合，自家製のハウスプリペイドを導入するほうがコストメリットがある可能性があります。

　あるいは何らかの決済手段のイシュアーになることで，自社での決済における加盟店手数料を削減することができます。さらに削減できたコストの一部を

ポイント等の形で利用者に還元することで，自社での再購買を促し，収益を拡大することができます（**図表6－2**）。

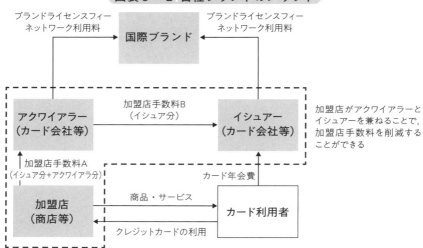

図表6－2 自社ブランドのメリット

ブランドライセンスフィー
ネットワーク利用料

ブランドライセンスフィー
ネットワーク利用料

国際ブランド

アクワイアラー（カード会社等）

加盟店手数料B
（イシュア分）

イシュアー（カード会社等）

加盟店がアクワイアラーと
イシュアーを兼ねることで，
加盟店手数料を削減する
ことができる

加盟店手数料A
（イシュア分+アクワイアラ分）

カード年会費

加盟店（商店等）

商品・サービス

カード利用者

クレジットカードの利用

　近年選択肢として現れたEmbedded Financeの場合は，自社顧客に利便性の高いキャッシュレス決済手段を提供することで，既存事業における売上増や，金融商品のクロスセルによる収益が期待できます。

（3）加盟店として

　加盟店にとって，現金と比較した際に，キャッシュレス決済提供事業者に対して加盟店手数料が発生する点はコスト増となりますが，キャッシュレス決済の普及により，キャッシュレス決済手段を提供しないことによる売上減少の影響は年々増加しており，比較した場合にはキャッシュレス決済手段を導入したほうがメリットが大きいケースが増えてくると考えられます。

　そのため，キャッシュレス決済を導入するかしないか，ではなく，どの決済手段をどのように導入するかが，加盟店の今後の検討ポイントとなります。一

方で，日本ではさまざまなキャッシュレス決済手段が提供されており，特定の
決済手段を導入しておけばほとんどの利用者の期待に応えられる，という状況
ではないため，導入にあたってはPSPの利用を検討することが一般的手法とし
て定着すると考えられます。

② キャッシュレス決済の展望

（1）中期的展望：大手とハウス型事業者への二極化

　日本では足許で，さまざまなキャッシュレス決済手段が登場し，キャッシュ
レス決済金額も右肩上がりで伸びており，当面伸びが続くと予想されることか
ら，特定のキャッシュレス決済手段のみに収れんされていく兆候は見受けられ
ません。

　一方で，すでに市場は過当競争にあり，決済インフラを提供する事業者すべ
てが高い収益性をあげられているわけではありません。決済インフラを提供す
る事業者のビジネスはインフラ構築のコストが一定程度かかる一方で，決済金
額の多寡により，手数料収入や加盟店との交渉力，マーケティング等に活用で
きるデータ量を増やすことができ，規模の優位性があるビジネスであることか
ら，中期的には利用者ニーズに合わせた決済手段を提供する一定数の事業者に
集約されていくと考えられます。

　利用者ニーズを俯瞰的にみると，後払いが可能となるクレジットカードが最
も利便性が高いと言えます（**図表6－3**）。

　実際，日本におけるキャッシュレス決済金額に占めるクレジットカード決済
の割合は，多様な決済手段が出現した現在でも引き続き最も高くなっています。

　そのため，国際ブランドといわれる事業者は多少の増減はあれど今後も相応
の影響力を持ち，クレジットカードはキャッシュレス決済の主たる手段であり
続けると考えられます。

図表6－3 利用者ニーズと決済手段

利用者ニーズ	クレジットカード	デビットカード	電子マネー	QRコード決済	振込・口座振替
決済スピード	○	○	○	△	－
高額決済対応	○	△	－	－	○
海外利用	○	○	－	－	－
与信機能	○	－	△	△	－
還元キャンペーン等	△	△	△	○	－

　一方で，若年層や高齢者などクレジットカードを作れない層を中心にクレジットカード以外の決済手段に対するニーズがあることから，他の決済手段の決済金額が増えていることも事実です。

　また，加盟店の視点から見ると，クレジットカード決済より利用料が廉価な決済手段や，キャッシュフローの観点から事前チャージ型の決済手段が嗜好されることもあり，QRコード決済のみ，電子マネーのみが使える店舗も少なくないため，今後日本で国際ブランド以外にどの決済インフラが残っていくかは見通せない状況です。

　ある程度キャッシュレス決済比率が向上し，市場の伸びが鈍化するタイミングでは，ビジネスモデルの違いから，キャッシュレス決済のインフラを提供することで収益を上げる一部の大手決済事業者と，既存事業の補完およびコスト削減を目的とした数多くのハウス型決済事業者に二極化されてキャッシュレス決済が普及していると予想されます。

（2）長期的展望：人口減少時代を生き残る戦略が重要

　これまで，使い過ぎを警戒してクレジットカードを利用してこなかった層に対し，デビットカードや事前チャージ型の電子マネー，QRコード決済が浸透してきています。

　また，高齢者にキャッシュレス決済が浸透しないという考え方も変化すると考えられます。元々キャッシュレス決済を使っていた層が高齢者となっていく

とともに，ATMや銀行店舗が減っていき，現金を入手するコストが上がっていくと予想される将来には，外出せずに支払い手段を確保できるキャッシュレス決済は，むしろ好ましい決済手段として選好される可能性が高いためです。

そうした利便性やインセンティブを背景として，現金決済からキャッシュレス決済へ移行した，キャッシュレス決済に抵抗のない層が，再び現金決済主体に戻る可能性は低いと考えられます。

キャッシュレス決済の普及が進んでいる諸外国の事例からも，現金決済からの移行には，政府による後押しが重要な要因になっていることが多いため，今後も引き続き政府による推進を促す取組みが期待されます。

そのうえで，民間企業による競争が続く限り，利便性やインセンティブが現金決済を上回ることから，長期的にはキャッシュレス決済比率が普及の進んでいる諸外国並みになることは十分考えられます。さらにCBDCの実用化が進めば，日常の決済では現金の利用がほとんどなくなる可能性まであります。

一方で，日本国内である程度普及したのちは，国全体の人口が減少しているため，キャッシュレス決済金額の伸びもいずれは鈍化縮小していきます。そのため，決済インフラを抱えるキャッシュレス決済事業者は，今後，国内でのシェア競争だけでなく，クレジットカードにおける国際ブランドのように，海外でも使える，あるいは海外からの渡航者が国内で使えるインフラとなるべく，海外の同業者とのアライアンス戦略などが推進されると考えられます。

キャッシュレス決済を実現するためにはさまざまな機能が必要であり，ビジネスとしての関わり方はさまざまですが，キャッシュレス決済は市場として成長トレンドであることは疑いなく，競争はあるものの，ビジネスチャンスもある業界といえるでしょう。

おわりに

　本書執筆にあたっては，そもそもキャッシュレス決済にどこまでの手段を含むべきかという観点から検討が始まりました。広義には手形や小切手もキャッシュ（現金）を伴わない決済だという意見から，経済産業省が定義する狭義のクレジットカード，デビットカード，電子マネー，コード決済のみをキャッシュレス決済とする意見，Embedded Financeも新しいキャッシュレス決済として取り上げるべきではないかなど，さまざまな意見が上がりました。

　多様な意見が出るのは，キャッシュレス決済にかかるビジネスが今まさに立ち上げ期にあるからと考えられ，事実，本書執筆時点から今現在においても，当テーマに対して日々新しいニュースや取組みが報道されています。

　そのため，本書に記載した内容もいずれ情報劣化は避けられませんが，そうしたタイミングだからこそビジネスチャンスが存在し，ビジネスパーソンにとって，今を切り取った本書にニーズがあると考え，執筆に至りました。

　本書では，特定のキャッシュレス決済手段を推奨せず，できるだけ客観的・公平に各々を記載しました。サービス提供事業者であれ，加盟店であれ，キャッシュレス決済にビジネスとして関わるうえでは，各企業の本業とどうシナジーを産むかを検討することが重要であり，さまざまなキャッシュレス決済手段ごとにメリットやデメリットが存在するため，どの手段を用いるかは，産み出したいシナジーによって異なってくると考えたためです。

　キャッシュレス決済というビジネスチャンスを，どう活かして自社の成長に繋げるか。そのためのヒントになるよう，さまざまなキャッシュレス決済手段との関わり方を記しました。

　最後になりましたが，本書執筆にあたっては社内外の多数の関係者・識者に

ご協力・ご尽力を頂きました。また，企業ロゴの掲載許諾など，掲載企業の皆様においても出版に向けてご厚意を賜りました。

　ご協力いただいたすべての方にこの場を借りて，心より御礼申し上げます。

2024年4月吉日

筆者一同

ロゴ・画像提供企業一覧

　本書の執筆にあたり，以下の企業様からロゴ・画像の提供をいただきました。心より感謝申し上げます。

アマゾンジャパン合同会社

American Express International, Inc.

アリペイジャパン株式会社

イオンフィナンシャルサービス株式会社

イオンリテール株式会社

出光クレジット株式会社

auフィナンシャルサービス株式会社

auペイメント株式会社

SBペイメントサービス株式会社

エヌ・ティ・ティ・コミュニケーションズ株式会社

ＥＮＥＯＳ株式会社

株式会社エディオン

株式会社エムアイカード

株式会社オリエントコーポレーション

株式会社クレディセゾン

株式会社ジェー・シー・ビー

株式会社ジャルカード

株式会社セブン・カードサービス

株式会社ZOZO

株式会社名古屋交通開発機構

株式会社ニモカ

株式会社ビューカード

株式会社ファミリーマート

株式会社丸井グループ

株式会社みずほフィナンシャルグループ

株式会社メルカリ

株式会社ゆうちょ銀行

株式会社横浜銀行

九州旅客鉄道株式会社

GMOペイメントゲートウェイ株式会社

全日本空輸株式会社

東海旅客鉄道株式会社

東京地下鉄株式会社

東急カード株式会社

西日本旅客鉄道株式会社

東日本旅客鉄道株式会社

ビザ・ワールドワイド・ジャパン株式会社

福岡市交通局

PayPay株式会社

北海道旅客鉄道株式会社

マスターカード・ジャパン株式会社

三井住友カード株式会社

三井住友トラストクラブ株式会社

三菱UFJニコス株式会社

LINE Pay株式会社

楽天カード株式会社

楽天ペイメント株式会社

（五十音順）

※記載されている会社名，製品・サービス名は，各社の登録商標または商標です。

【執筆者略歴】

■ 全体監修

佐藤 哲士 　金融ビジネスユニット 執行役員 プリンシパル

1993年都市銀行に入行し，リテール金融ビジネス戦略等に従事。コンサルティングファームを経て，2016年アビームコンサルティング入社。主に，リテール金融分野におけるマーケティング戦略策定，業務プロセス設計，各種統計調査・リサーチ業務等のコンサルティングに従事。

■ 全体監修　第1章・第6章執筆

戸田 翔太郎 　金融ビジネスユニット シニアマネージャー

システムインテグレータを経て2013年アビームコンサルティング入社。銀行・保険会社・金融業者・システムインテグレータを顧客とした管理会計，新規事業立上げ，事業計画策定，プロモーション施策策定，合併対応等のコンサルティングに従事。

■ 全体監修

長谷川 浩一 　金融ビジネスユニット エキスパート

都市銀行にて主に決済・ペイメント・IT分野の企画・開発・営業に長年携わったのち，2023年アビームコンサルティング入社。引き続き同分野を中心とするコンサルティングに従事。

■ 第2章・第3章・第4章・第5章執筆

有田 傑 　金融ビジネスユニット マネージャー

都市銀行を経て2018年アビームコンサルティング入社。銀行を顧客とした基幹システムの新規構築，業務システムの海外拠点展開等のコンサルティングに従事。

小野 健太郎 　金融ビジネスユニット マネージャー

都市銀行にて，法人営業，法人業務企画等に従事した後，2020年アビームコンサルティング入社。銀行・証券業界を中心に，リテール営業戦略策定，システム・業務移行PMO，各種調査業務などの支援に従事。

須藤 誠人 　金融ビジネスユニット マネージャー

系統系金融機関にて，本部企画セクションに従事した後，2016年にアビームコンサルティングに入社。銀行・保険会社・金融業者の管理会計構築，マーケティングリサーチを基にしたプロモーション施策策定，効果測定等のコンサルティングに従事。

宮澤 雅人　　金融ビジネスユニット マネージャー

大手証券会社を経て2016年アビームコンサルティング入社。銀行，証券会社，クレジットカード会社等を顧客とした個人および法人の金融商品販売推進に向けたプロモーション施策策定，新規金融事業会社のマーケティング戦略策定，銀行合併等のコンサルティングに従事。

麻生 純平　　金融ビジネスユニット シニアコンサルタント

2018年アビームコンサルティング入社。銀行の管理会計構築に従事。その後，他コンサルティング会社にて地政学観点からの長期戦略立案，マーケティング戦略支援等に従事。2023年アビームコンサルティングに再入社し，海外コアバンキングシステム刷新支援に従事。

安藤 弘子　　金融ビジネスユニット シニアコンサルタント

システムインテグレータとして，メガバンク向けシステム開発，PMOに従事した後，2019年アビームコンサルティング入社。銀行業界を中心に，システム提案及び開発，業務移行PMO，各種調査業務等のコンサルティングに従事。

高橋 幹　　金融ビジネスユニット シニアコンサルタント（※2024年3月末時点）

信託銀行を経て2020年アビームコンサルティング入社。銀行，証券会社，保険会社，クレジットカード会社，金融業者等を顧客としたリテール事業戦略策定，プロモーション施策策定，業務プロセス改革，システム開発等のコンサルティングに従事。

【編著者紹介】

アビームコンサルティング株式会社

アビームコンサルティングは，アジアを中心とした海外ネットワークを通じ，それぞれの国や地域に即したグローバル・サービスを提供している総合マネジメントコンサルティングファームです。戦略，BPR，IT，組織・人事，アウトソーシングなどの専門知識と，豊富な経験を持つ約7,800名のプロフェッショナルを有し，金融，製造，流通，エネルギー，情報通信，パブリックなどの分野を担う企業，組織に対し幅広いコンサルティングサービスを提供しています。アビームコンサルティングは，企業や組織とともに新たな未来を共創し，確かな変革に導く創造的パートナーとして，企業や社会の変革に貢献します。

ホームページ：https://www.abeam.com/jp/

キャッシュレス決済ビジネスハンドブック

2024年6月15日　第1版第1刷発行

編著者	アビームコンサルティング
発行者	山　本　　　継
発行所	㈱中　央　経　済　社
発売元	㈱中央経済グループパブリッシング

〒101-0051　東京都千代田区神田神保町1−35
電話　03 (3293) 3371 (編集代表)
　　　03 (3293) 3381 (営業代表)
https://www.chuokeizai.co.jp
印刷／三英グラフィック・アーツ㈱
製本／㈲井上製本所

© 2024
Printed in Japan